Christian Schlieder

Autodesk® Inventor® 2017
Aufbaukurs KONSTRUKTION

Viele praktische Übungen am
Konstruktionsobjekt GETRIEBE

Christian Schlieder

Autodesk® Inventor® 2017
Aufbaukurs KONSTRUKTION

Viele praktische Übungen am
Konstruktionsobjekt GETRIEBE

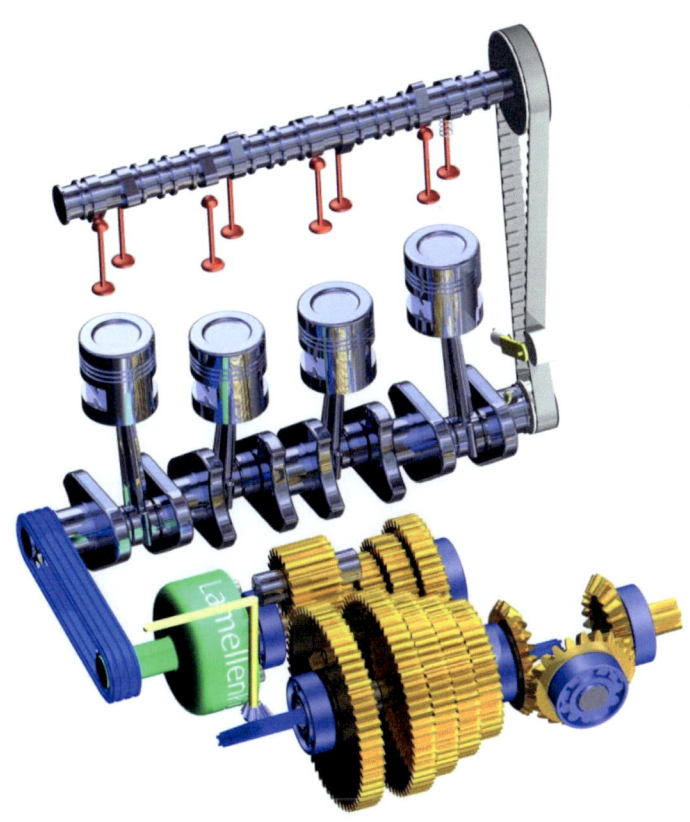

Weiterführende Literatur

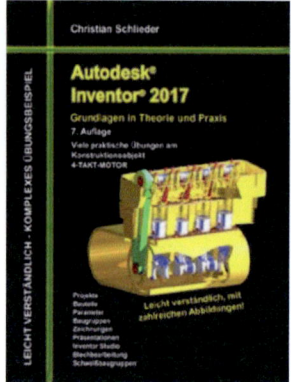

Autodesk Inventor 2017 Grundlagen in Theorie ...
ISBN: 978-3-7412-2515-4
316 Seiten - 24,95 Eur

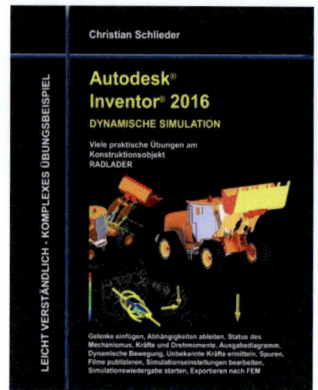

Autodesk Inventor 2016 Dynamische Simulation
ISBN: 978-3-7412-0996-3
160 Seiten - 18,95 Eur

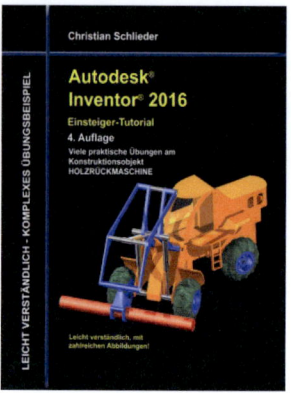

Autodesk Inventor 2016 HOLZRÜCKMASCHINE
ISBN: 978-3-7386-2207-2
188 Seiten - 16,95 Eur

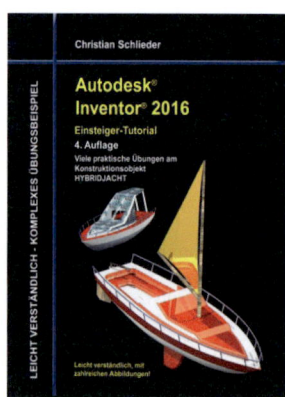

Autodesk Inventor 2016 HYBRIDJACHT
ISBN: 978-3-7347-7655-7
144 Seiten - 16,95 Eur

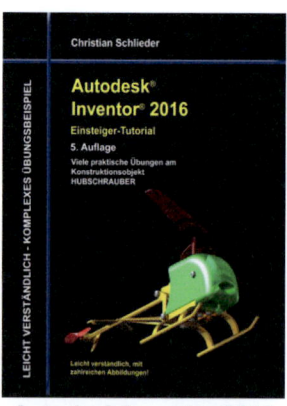

Autodesk Inventor 2016 HUBSCHRAUBER
ISBN: 978-3-7386-2941-5
160 Seiten - 16,95 Eur

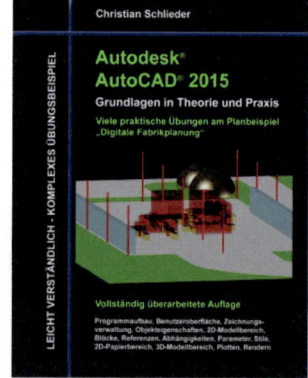

Autodesk AutoCAD 2015 Grundlagen in Theorie ...
ISBN: 978-3-7347-7475-1
120 - Seiten - 18,95 Eur

http://www.cad-trainings.de/html/Literatur.html

Alle im Buch enthaltenen Informationen wurden nach bestem Wissen und Gewissen geprüft.

Da Fehler nicht ausgeschlossen werden können, übernehmen Autor und Verlag weder Verantwortungen, Verpflichtungen oder Garantien jeglicher Art, noch Haftung für die Benutzung der bereitgestellten Informationen. Autor und Verlag übernehmen keine Gewähr dafür, dass die beschriebenen Vorgehensweisen oder Verfahren frei von Rechten Dritter sind.

Das Werk ist urheberrechtlich geschützt. Übersetzung, Nachdruck, Vervielfältigung, sonstige Verarbeitung des Buches oder von Teilen daraus sind ohne Genehmigung des Autors nicht erlaubt.

Autodesk® Inventor® 2017 ist ein eingetragenes Markenzeichen von Autodesk, Inc. und/ oder seiner Tochtergesellschaften und/ oder der Tochterunternehmen in den USA und anderen Ländern.

© 2016 Christian Schlieder

ISBN

978-3-7412-2710-3

IMPRESSUM

Dipl.- Ing. Christian Schlieder
www.cad-trainings.de
Fax: +49 (0) 3212 - 1122290

HERSTELLUNG UND VERLAG

BoD - Books on Demand, Norderstedt
www.BoD.de

INHALTSVERZEICHNIS

1	**GRUNDLEGENDES ZUM BUCH**	**5**
1.1	Zielgruppe & Aufbau des Buches	5
1.2	Erzeugen des Projektordners/ Herunterladen der Übungsdateien	6
2	**INSTALLATION VON AUTODESK® INVENTOR® 2017**	**7**
2.1	Systemanforderungen	7
2.2	Anforderungen an das Betriebssystem	8
2.3	Download des Programms	8
2.4	Installationsvoraussetzungen	9
2.5	Installation von Autodesk® Inventor® 2017	10
2.6	Aktivierung von Autodesk® Inventor® 2017	10
3	**PROGRAMMAUFBAU UND PROGRAMMOBERFLÄCHE**	**12**
3.1	Programmaufbau	12
3.2	Hauptmenü	13
3.3	Schnellzugriff-Werkzeuge	14
3.4	Multifunktionsleiste	14
3.5	Browser	15
3.6	Arbeitsbereich	16
	3.6.1 Startbildschirm	16

4 DIE ERSTEN SCHRITTE 17

4.1 Programmhilfe und neue Funktionen 17

4.2 Videos und Lernprogramme 18

4.3 Zusatzmodule (empfohlene Einstellungen) 19

4.4 Anwendungsoptionen (empfohlene Einstellungen) 20

5 AKTIVIERUNG DES EINZELBENUTZERPROJEKTS 30

6 KOMPLETTIERUNG DES KURBELTRIEBS 32

6.1 Theoretische Grundlagen zum Zahnriemenantrieb 32

6.2 Konstruktion eines Zahnriemenantriebes 32
   6.2.1 Befehlsgrundlagen ZAHNRIEMEN-GENERATOR 32
   6.2.2 Zahnriemenantrieb zwischen Nocken-und Kurbelwelle erzeugen 35
   6.2.3 Befehlsgrundlagen ZUGFEDER-KOMPONENTEN-GENERATOR 40
   6.2.4 Spannrolle des Zahnriemens mit einer Zugfeder beaufschlagen 42

6.3 Konstruktion einer Druckfeder 44
   6.3.1 Erzeugen einer geschnitten dargestellten Ansicht 44
   6.3.2 Befehlsgrundlagen DRUCKFEDER-GENERATOR 45
   6.3.3 Druckfeder zwischen Ventil und Zylinderkopf erzeugen 47

7 GETRIEBEKONSTRUKTION 49

7.1 Theoretische Grundlagen zum Getriebeaufbau 49

7.2 Lagerung der Wellen 50
   7.2.1 Lagerhalterungen importieren 50
   7.2.2 Befehlsgrundlagen LAGER-GENERATOR 50
   7.2.3 Erzeugen eines Zylinderollenlagers 52
   7.2.4 Browser strukturieren 53
   7.2.5 Importieren der oberen Lagerhalterungen 54
   7.2.6 Browser strukturieren 54

7.3	**Befestigung der Lagerhalterungen**	**54**
7.3.1	Befehlsgrundlagen SCHRAUBENVERBINDUNGS-GENERATOR	54
7.3.2	Lagerhalterungen der Antriebswelle miteinander verbinden	57
7.3.3	Lagerhalterungen der Wellen am Motorgehäuse befestigen	61
7.4	**Konstruktion der Getriebewellen**	**62**
7.4.1	Platzieren der Lamellenkupplung	62
7.4.2	Befehlsgrundlagen WELLEN-GENERATOR	63
7.4.3	Konstruktion der Antriebswelle	66
7.4.4	Befestigungsflansch der Antriebswelle mit Bohrungen versehen	70
7.4.5	Schrauben aus dem Inhaltscenter importieren	71
7.4.6	Abschließende Arbeiten an der Antriebswelle	72
7.4.7	Importieren der Halterungen für die Rücklaufwelle	73
7.4.8	Konstruktion der Rücklaufwelle	74
7.4.9	Konstruktion der Abtriebswelle	75
7.5	**Konstruktion der Zahnradpaare**	**77**
7.5.1	Befehlsgrundlagen STIRNRÄDER-GENERATOR	77
7.5.2	Konstruktion des Zahnradpaares für den ersten Gang	79
7.5.3	Konstruktion der Zahnradpaare der restlichen Vorwärtsgänge	82
7.5.4	Importieren der Zahnräder für den Rückwärtsgang	84
7.5.5	Wellen und Zahnräder mit Bewegungsabhängigkeiten versehen	85
7.6	**Konstruktion des Kegelradgetriebes**	**88**
7.6.1	Welle und Lager zur Platzierung der Kegelräder erzeugen	89
7.6.2	Befehlsgrundlagen KEGELRÄDER-GENERATOR	90
7.6.3	Konstruktion des Kegelradgetriebes	92

8	**ROLLENKETTEN**	**96**
8.1	**Rollenketten erzeugen**	**96**
8.1.1	Befehlsgrundlagen ROLLENKETTEN-GENERATOR	96
8.1.2	Konstruktion der Antriebskette	98
8.1.3	Kettenantrieb mit Bewegungsabhängigkeiten versehen	102
8.1.4	Animation des gesamten Bewegungsapparates	102
8.1.5	Konstruktion der Rollenkette für die Gangschaltung	103
8.1.6	Kettenschaltung mit Schalthebel und Kegelradpaar versehen	108

9	**KEILWELLENVERBINDUNGEN**	**110**
9.1	Konstruktion einer Keilwellenverbindung	110
9.1.1	Befehlsgrundlagen KEILWELLEN-GENERATOR	110
9.1.2	Erzeugen einer Keilwellenverbindung an der Getriebeausgangswelle	112
10	**GESTELLGENERATOR**	**114**
10.1	Der Motorradrahmen	114
10.1.1	Befehlsgrundlagen GESTELL-GENERATOR	114
10.1.2	Motorradrahmen und Räder als Gestell erzeugen	115
10.1.3	Befehlsgrundlagen GEHRUNG	118
10.1.4	Rohrsegmente aneinander anpassen	118
11	**SCHLUSSWORT**	**120**
12	**INDEX**	**121**

1 Grundlegendes zum Buch

1.1 Zielgruppe & Aufbau des Buches

Dieses Buch ist ein Aufbaukurs für Fortgeschrittene, die mit den Grundlagen von **Autodesk® Inventor® 2017** bereits vertraut sind. Das Programm verfügt im Baugruppenbereich über ein Register **Konstruktion** welches zur Berechnung und Konstruktion, speziell im Maschinenbau verwendeter Komponenten dient. In einem komplexen Übungsbeispiel wird der Leser theoretische Grundlagen einiger Befehle aus diesem Register erlernen und anschließend praktisch umsetzen.

Das verwendete Übungsbeispiel baut auf das Grundlagenbuch **Autodesk® Inventor® 2017 – Grundlagen in Theorie und Praxis** auf, in welchem ein vereinfachter 4-Takt-Motor erstellt wurde. Dieser Motor wird im vorliegenden Buch um ein Getriebe erweitert.

In diesem Buch werden die folgenden Befehle des Registers **Konstruktion** behandelt:

- **Druckfeder-Generator**
- **Gehrungen erzeugen**
- **Gestell-Generator**
- **Kegelräder-Generator**
- **Keilwellen-Generator**
- **Lager-Generator**
- **Rollenketten-Generator**
- **Schraubenverbindungs-Generator**
- **Stirnräder-Generator**
- **Wellen-Generator**
- **Zahnriemen-Generator**
- **Zugfeder-Generator**

Das Übungsbeispiel bietet genügend Möglichkeiten, die Befehlsketten sporadisch zu verlassen und eigene Versuche mit den Befehlen zu starten.

1.2 Erzeugen des Projektordners/ Herunterladen der Übungsdateien

Bevor Sie mit der Umsetzung des Projekts beginnen, sollten die folgenden Arbeiten erledigt werden:

Erzeugen eines neuen Projektordners

Erstellen Sie auf Ihrem PC an geeigneter Stelle einen neuen Ordner:

➢ *Inventor-2017-Übung-Konstruktion*

Herunterladen der Übungsdateien

Besuchen Sie im Internet die folgende Website:

➢ *http://www.cad-trainings.de/html/Download.html*

Suchen Sie das passende Buch und klicken Sie auf den nebenstehenden Link, um die zum Buch gehörende Übungsdatei (ZIP-Format) auf Ihrem PC zu speichern. Speichern Sie die Datei in dem vorher erzeugten Projektordner *Inventor-2017-Übung-Konstruktion* und entpacken Sie die Datei dort hinein. Die darin enthaltenen Dateien werden später benötigt.

2 Installation von Autodesk® Inventor® 2017

2.1 Systemanforderungen

Die folgenden von Autodesk® empfohlenen Systemanforderungen gelten für Bauteile und Baugruppen mit weniger als 1000 Bauteilen:

Betriebssystem	64-Bit-Version von Microsoft® Windows® 10 64-Bit-Version von Microsoft Windows 8.1 mit Update KB2919355 64-Bit-Version von Microsoft Windows 7 SP1
CPU-Typ	Mindestens: 64-Bit Intel oder AMD, 2 GHz oder schneller Empfohlen: Intel® Xeon® E3 oder Core i7 3,0 GHz oder höher
Arbeitsspeicher	Mindestens: 8 GB RAM Empfohlen: 20 GB Ram oder mehr
Festplatte	Installationsprogramm sowie vollständige Installation: 40 GB
Grafikkarte	Mindestens: Microsoft Direct3D 10®-fähige Grafikkarte oder höher Empfohlen: Microsoft Direct3D 11®-fähige Grafikkarte oder höher
Sonstiges	DVD-ROM oder USB, 1280 x 1024 oder höhere Bildschirmauflösung, Internetverbindung für Autodesk® 360-Funktionalität, Web-Downloads und Zugriff auf die Subskriptionsüberprüfung, Adobe® Flash® Player 15, Microsoft® Internet Explorer® 11 oder höher, Microsoft® Excel® 2010, 2013, 2016 für iFeatures, iParts, iAssemblies, Gewindeanpassungen, globale Stückliste, Teilelisten, Revisionstabellen und tabellenbasierte Konstruktionen (Excel Starter®, Online Office 365® und OpenOffice® werden nicht unterstützt), 64-Bit-Microsoft® Office® Access® 2007, -dBase IV, Text und CSV-Format, Microsoft® .NET Framework 4. 5, Virtualisierung unterstützt auf Citrix® XenApp™ 7.7 und 7.8; Citrix XenDesktop™ 7.7 und 7.8 (erfordert Inventor-Netzwerklizenzierung)

2.2 Anforderungen an das Betriebssystem

Die Installation von Autodesk® Inventor® 2017 erfordert ein Windows® Betriebssystem. Nutzer eines Apple® Betriebssystems, können das Programm mithilfe von Boot Camp® oder Parallels Desktop® unter Beachtung der folgenden Systemvoraussetzungen installieren:

Betriebssystem	Mindestens: Mac OS® X 10.9.x
	Empfohlen: Mac OS® X 10. 10.x
CPU-Typ	Mindestens: Intel® Core 2 Duo (3 GHz oder höher)
Arbeitsspeicher	Mindestens: 8 GB RAM
	Empfohlen: 16 GB Ram oder mehr
Partitionsgröße	Mindestens: 200 GB freier Festplattenspeicher
Partitionsgröße	Empfohlen: 500 GB freier Festplattenspeicher oder mehr
Betriebssystem	64-Bit-Version von Microsoft Windows 10
	64-Bit-Version von Microsoft Windows 8.1 mit Update KB2919355
	64-Bit-Version von Microsoft Windows 7 SP1

2.3 Download des Programms

Sollten Sie die Software nicht bereits besitzen, haben Sie die folgenden Möglichkeiten, Autodesk®-Produkte unter den folgenden Links herunterzuladen:

Autodesk® Store	Wenn Sie die Programmversion kaufen möchten: ➤ http://www.autodesk.com/store/storeselect.htm
Autodesk®-Konto	Als Subscription-Kunde bei Ihrem Autodesk® Konto: ➤ https://accounts.autodesk.com/
Education Community	Als Mitglied der Education Community: ➤ http://www.autodesk.com/education/free-software/all
Kostenlose Testversionen	Als kostenlose Testversion mit 30 Tagen Laufzeit: ➤ http://www.autodesk.com/free-trials

Unter dem folgenden Link finden Sie weitere Informationen zu kostenlosen Programmversionen von Autodesk® für Studenten und Lehrkräfte:

➤ *http://help.autodesk.com/view/INVNTOR/2017/DEU/?guid=GUID-32F591DA-32BF-42F2-8FAC-DF215412D1C3*

2.4 Installationsvoraussetzungen

Zugriffsrechte

Sie müssen über lokale Benutzer-Administratorrechte verfügen.

> *Systemsteuerung > Benutzerkonten > Benutzerkonten verwalten*

System-Updates/ Antivirenprogramm

Vor der Installation von Autodesk® Inventor® 2017 sollten eventuell noch ausstehende Updates von Windows® durchgeführt werden. Starten Sie den Rechner danach neu. Antivirenprogramme müssen während der Installation eventuell vorübergehend deaktiviert werden.

Language Packs

Prüfen Sie vor der Installation von Autodesk® Inventor® 2017, ob die heruntergeladene Programmversion in der richtigen Sprache vorhanden ist. Eventuell muss vorab ein Sprachpaket heruntergeladen und installiert werden.

Seriennummer/ Produktschlüssel

Vor der Installation sollten Seriennummer und Produktschlüssel in Erfahrung gebracht werden. Diese werden bereits während der Installation benötigt (Ausnahme: kostenlose Testversion). Weitere Informationen zum Thema finden Sie unter dem Link:

> *https://knowledge.autodesk.com/customer-service/installation-activation-licensing/get-ready/find-serial-number-product-key/product-key-look/2017-product-keys*

Beenden anderer Programme

Beenden Sie alle anderen Programme vor der Installation von Autodesk® Inventor® 2017.

2.5 Installation von Autodesk® Inventor® 2017

Stellen Sie vor der Installation von Autodesk® Inventor® 2017 sicher, dass alle Teile des Programms vollständig vorhanden sind. Wurden diese vollständig heruntergeladen (Schritt entfällt, wenn die Software auf DVD vorhanden ist), kann mit der Installation begonnen werden. Sollte das Installationsprogramm noch nicht geöffnet sein, starten Sie dieses. Sie finden es für gewöhnlich im Pfad:

> *C:\Autodesk\Inventor_2017_...\Setup.exe*

Nachdem Sie die Lizenzvereinbarung gelesen und akzeptiert haben, muss im Dropdown-Menü mit den Produktsprachen einer der folgenden Schritte durchgeführt werden:

1) Wählen Sie eine Sprache aus.
2) Wählen Sie unter Lizenztyp die Option **Einzelplatz**.
3) Geben Sie Seriennummer und Produktschlüssel ein (falls erforderlich).
4) Bestimmen Sie den Installationspfad (dieser Pfad darf maximal 260 Zeichen lang sein).
5) Übernehmen Sie die vorgegebene Konfiguration oder passen Sie die Installation an (weitere Informationen zur Konfiguration finden Sie in der Produktdokumentation).
6) Klicken Sie auf **Installieren**.
7) Nach der Installation: Klicken Sie auf **Fertigstellen**.

2.6 Aktivierung von Autodesk® Inventor® 2017

Online aktivieren und registrieren

Sobald Autodesk® Inventor® 2017 das erste Mal gestartet wurden, startet auch automatisch der Aktivierungsvorgang. Sollte der PC über eine bestehende Internetverbindung verfügen, führen Sie die folgenden Schritte aus:

1) Achten Sie darauf, dass Ihre Firewall den Datenaustausch zwischen Autodesk® Inventor® 2017 und dem Server von Autodesk® nicht unterbricht.
2) Starten Sie Autodesk® Inventor® 2017.
3) Stimmen Sie den Datenschutzrichtlinien zu.
4) Klicken Sie auf **Aktivieren**.
5) Geben Sie den Produktschlüssel ein, wenn Sie dazu aufgefordert werden sollten. Melden Sie sich an und registrieren Sie das Produkt.

Autodesk® überprüft jetzt die Berechtigungsinformationen, wie z. B. Ihre Seriennummer. Wenn Sie die Aktivierungsaufforderung sehen und keine Verbindung mit dem Internet herstellen können, ist die Aktivierung manuell vorzunehmen.

Manuelles Aktivieren und Registrieren (offline)

Sollte der PC über keine bestehende Internetverbindung verfügen, führen Sie die folgenden Schritte aus:

1) Starten Sie Autodesk® Inventor® 2017.
2) Stimmen Sie den Datenschutzrichtlinien zu.
3) Klicken Sie auf **Aktivieren**.
4) Wählen Sie Aktivierungscode **Mit einer Offlinemethode anfordern**.
5) Klicken Sie auf **Weiter**.
6) Notieren Sie die Aktivierungsinformationen, die auf dem Bildschirm angezeigt werden, einschließlich der URL.
7) Starten Sie ein Gerät mit einer bestehenden Internetverbindung.
8) Öffnen Sie die URL aus Punkt (6). Melden Sie sich an und registrieren Sie das Produkt.
9) Notieren Sie den Aktivierungscode.
10) Starten Sie Autodesk® Inventor® 2017.
11) Klicken Sie auf **Aktivieren**.
12) Wählen Sie die Option **Ich habe einen Aktivierungscode von Autodesk**.
13) Kopieren Sie den Aktivierungscode, und fügen Sie ihn in das erste Feld ein, um automatisch die anderen Felder auszufüllen.
14) Klicken Sie auf **Weiter**.

Weitere Informationen zu Installation und Aktivierung erhalten Sie unter dem folgenden Link:

> *http://knowledge.autodesk.com/customer-service/installation-activation-licensing*

3 Programmaufbau und Programmoberfläche

3.1 Programmaufbau

Nach dem Start von Autodesk® Inventor® 2017 öffnet sich das Programm mit der folgenden **Benutzeroberfläche**:

1) Hauptmenü
2) Schnellzugriff-Werkzeuge
3) Multifunktionsleiste
4) InfoCenter
5) Neue Datei erstellen
6) Projektverwaltung
7) Zuletzt verwendete Dateien

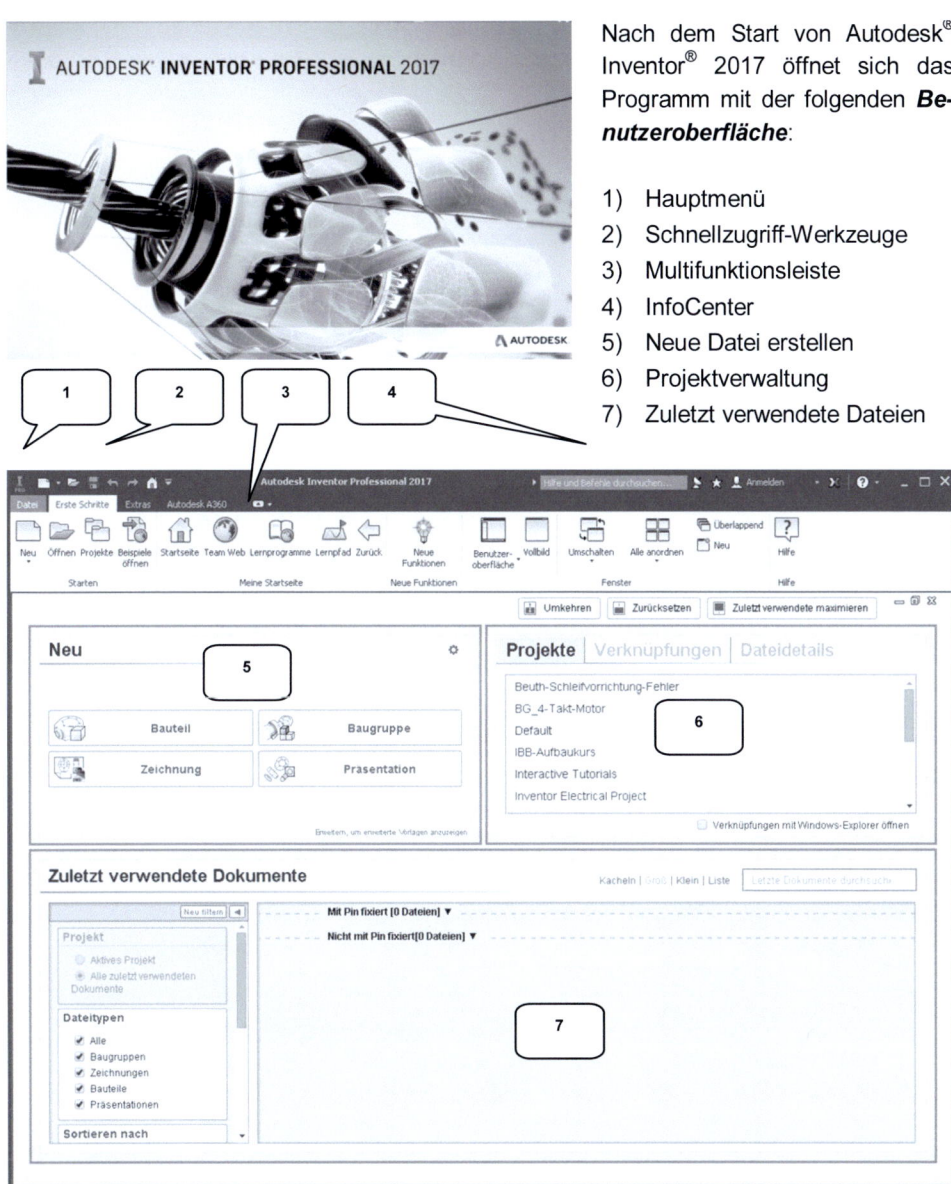

- Hauptmenü -

3.2 Hauptmenü

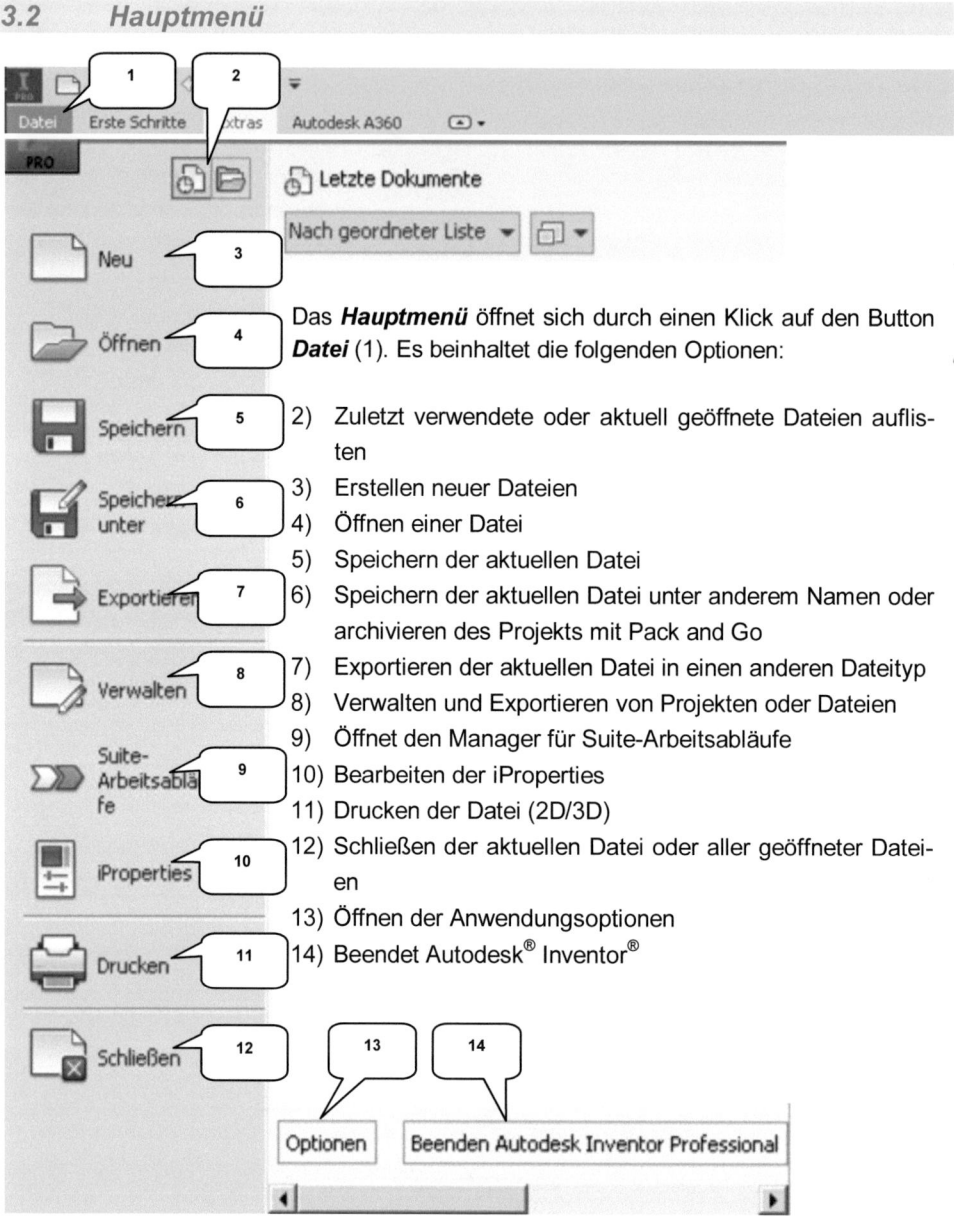

Das **Hauptmenü** öffnet sich durch einen Klick auf den Button **Datei** (1). Es beinhaltet die folgenden Optionen:

2) Zuletzt verwendete oder aktuell geöffnete Dateien auflisten
3) Erstellen neuer Dateien
4) Öffnen einer Datei
5) Speichern der aktuellen Datei
6) Speichern der aktuellen Datei unter anderem Namen oder archivieren des Projekts mit Pack and Go
7) Exportieren der aktuellen Datei in einen anderen Dateityp
8) Verwalten und Exportieren von Projekten oder Dateien
9) Öffnet den Manager für Suite-Arbeitsabläufe
10) Bearbeiten der iProperties
11) Drucken der Datei (2D/3D)
12) Schließen der aktuellen Datei oder aller geöffneter Dateien
13) Öffnen der Anwendungsoptionen
14) Beendet Autodesk® Inventor®

HINWEIS: Die jeweiligen Befehle können mit einem Klick der linken Maustaste auf die nebenstehenden Dreiecke noch erweitert werden.

3.3 Schnellzugriff-Werkzeuge

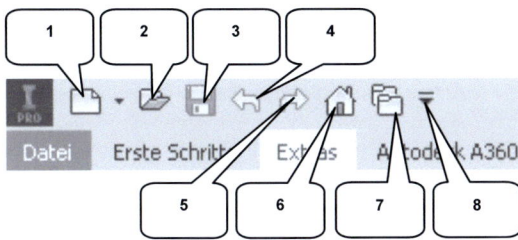

Die **Schnellzugriff-Werkzeuge** sind einige häufig verwendete Befehle, die einzeln ein- oder ausgeblendet werden können. Die folgenden Befehle befinden sich darin:

1) Erstellen einer neuen Datei
2) Öffnen einer vorhandenen Datei
3) Speichern der aktuell geöffneten Datei
4) Einen Arbeitsschritt zurück
5) Einen Arbeitsschritt vorwärts
6) Aktiviert die Startseite
7) Öffnet die Projektverwaltung
8) Schnellzugriff-Werkzeuge anpassen

3.4 Multifunktionsleiste

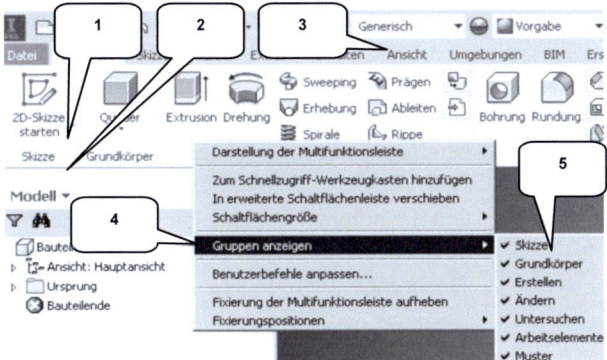

Die **Multifunktionsleiste** (1) befindet sich im oberen Bereich des Programms und enthält verschiedene Befehlsgruppen (2), deren Inhalt entsprechend der Auswahl einer der verfügbaren Registerkarten (3) variiert. Jede Registerkarte enthält diverse Befehlsgruppen, welche beliebig ein- oder ausgeblendet werden können.

Um Befehlsgruppen ein- oder auszublenden, muss mit der **rechten Maustaste** auf einen beliebigen Punkt im Bereich der Multifunktionsleiste (1) geklickt und die Option **Gruppen anzeigen** (4) gewählt werden. In der erweiterten Auswahl (5), können die einzelnen Befehlsgruppen danach aktiviert/deaktiviert werden.

HINWEIS: Sollten in diesem Buch Befehle verwendet werden, die Sie in Ihrer Multifunktionsleiste im entsprechenden Arbeitsbereich nicht finden können, kontrollieren Sie bitte, ob die entsprechende Befehlsgruppe aktiviert ist.

3.5 Browser

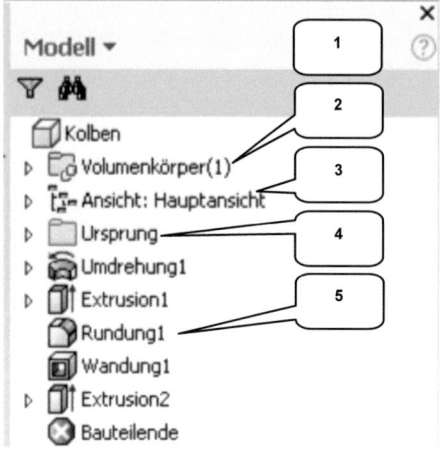

Der **Browser** (1) spiegelt den grundlegenden Aufbau eines Objektes wieder. Je nach Arbeitsbereich kann dieser inhaltlich variieren:

➤ *Bauteil-Browser*

Im Bauteil-Browser befinden sich der Ordner **Volumenkörper** (2) (listet die Anzahl der einzelnen Volumenkörper eines Bauteils auf), der Ordner **Ansicht** (3) (speichert verschiedene Ansichten eines Bauteils) und der Ordner **Ursprung** (4) (beinhaltet die Achsen und Ebenen des Bauteils). Außerdem werden alle bereits am Bauteil vorgenommenen **Arbeitsschritte** (5) chronologisch aufgelistet und können hier bearbeitet werden.

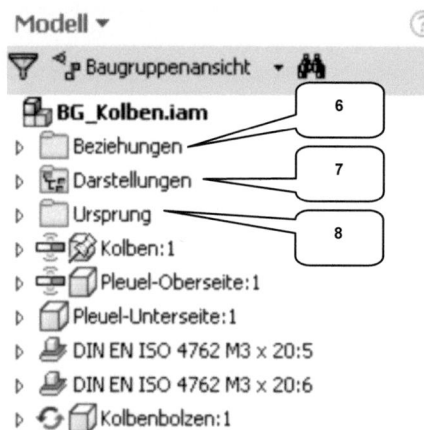

➤ *Baugruppen-Browser*

Im Baugruppen-Browser befinden sich der Ordner **Beziehungen** (6) (listet alle in einer Baugruppe vorhandenen Abhängigkeiten auf), der Ordner **Darstellungen** (7) (beinhaltet Ansichten, Positionen und Detailgenauigkeiten) und der Ordner **Ursprung** (8). Außerdem werden alle in der Baugruppe vorhandenen Komponenten aufgelistet.

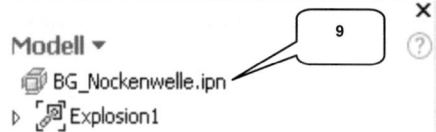

➤ *Präsentations-Browser*

Im Präsentations-Browser ist die dargestellte Baugruppe (9) aufgelistet. Jedes in der Präsentation animierte Bauteil wird zusätzlich um die hinzugefügten Animationspfade ergänzt.

- Arbeitsbereich -

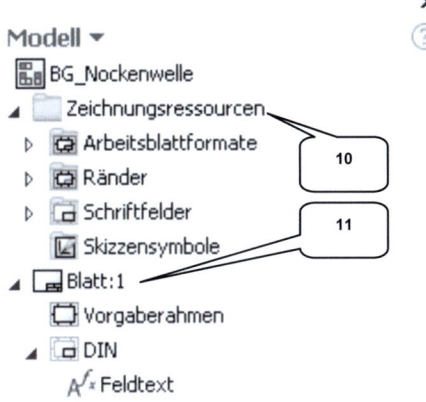

> ***Zeichnungs-Browser***

Der Zeichnungs-Browser enthält den Ordner ***Zeichnungsressorcen*** (10) (beinhaltet Arbeitsblattformate, Ränder, Schriftfelder und vordefinierte Symbole) und alle, in der Datei vorhandenen ***Blätter*** (11). Jedes Zeichnungsblatt beinhaltet die dem Blatt zugeordneten Arbeitsblattformate, Ränder, Schriftfelder und Symbole sowie dargestellten Ansichten mit den darin abgebildeten Komponenten.

3.6 Arbeitsbereich
3.6.1 Startbildschirm

Nach dem Start von Autodesk® Inventor® 2017 wird dem Benutzer ein ***Startbildschirm*** mit den folgenden Inhalten angeboten: 1) Erstellen einer neuen Datei, 2) Aktivieren vorhandener Projekte und Darstellen zugehöriger Verknüpfungen und Details, 3) Darstellen zuletzt verwendeter Dateien mit erweiterten Filteroptionen

4 Die ersten Schritte

4.1 Programmhilfe und neue Funktionen

Im Register **Erste Schritte** (Befehlsgruppe **Meine Startseite**) befindet sich der Befehl **Hilfe** (1). Ein Klick darauf öffnet im Arbeitsbereich die Autodesk® Inventor® 2017 Online-Hilfe (Internetzugang erforderlich).

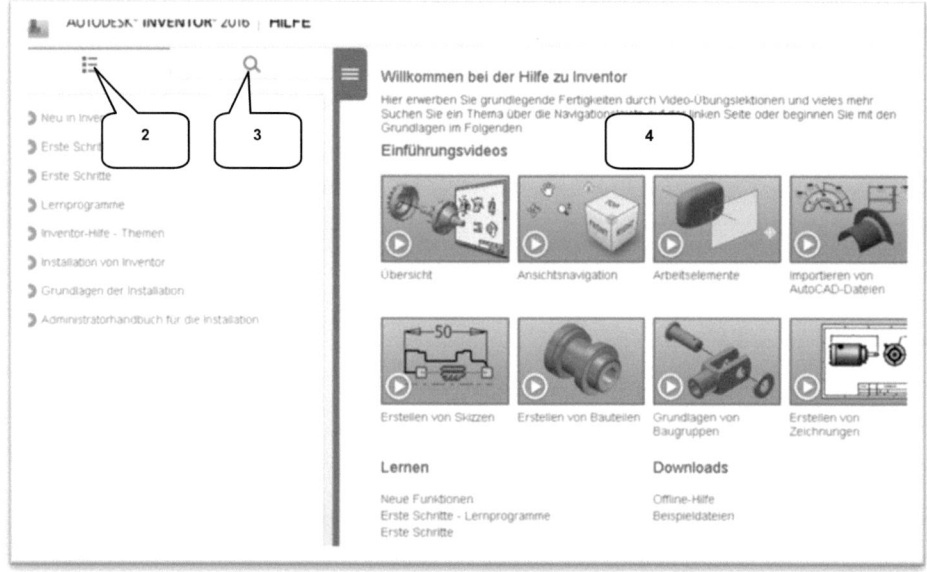

Hier können Sie entweder in der **Inhaltsübersicht** (2) aus einem der angebotenen Themengebiete auswählen, oder bestimmte Befehle oder Begriffe **suchen** (3). Im **Ausgabebereich** (4) werden die jeweiligen Ergebnisse angezeigt. Die lokale Hilfedatei kann zusätzlich aus dem Internet geladen werden:

> https://knowledge.autodesk.com/de/support/inventor-products/downloads/caas/downloads/downloads/DEU/content/inventor-2017-online-help-and-local-help-page.html

4.2 Videos und Lernprogramme

Im Register **Erste Schritte** (Befehlsgruppe **Meine Startseite**) befindet sich der **Lernpfad** (1). Ein Klick darauf öffnet eine interaktive Lernumgebung (2), in der Sie schrittweise den Umgang mit der Software erlernen und verschiedene Lernprogramme starten können.

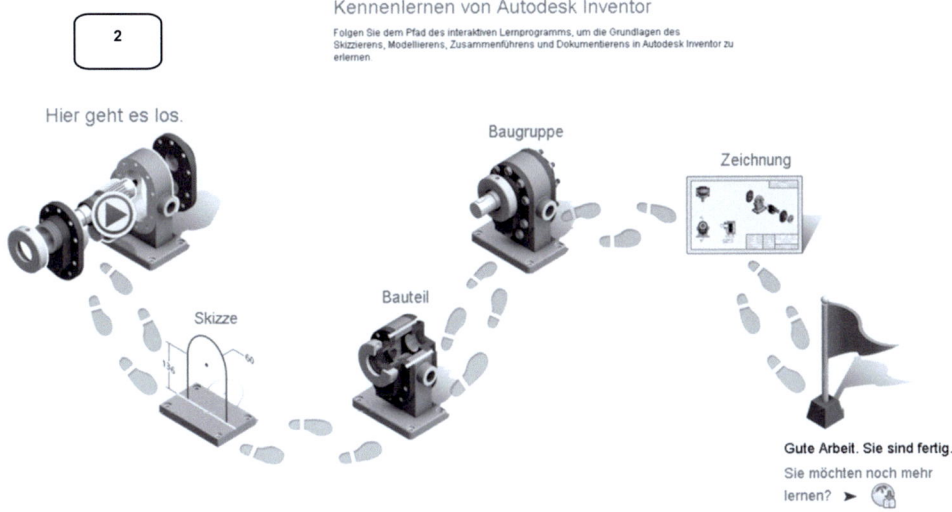

Mit dem Befehl **Lernprogramme** (3) öffnet sich im Arbeitsbereich eine Übersicht, weiterer verfügbarer Lernprogramme (4), welche zusätzlich heruntergeladen werden können.

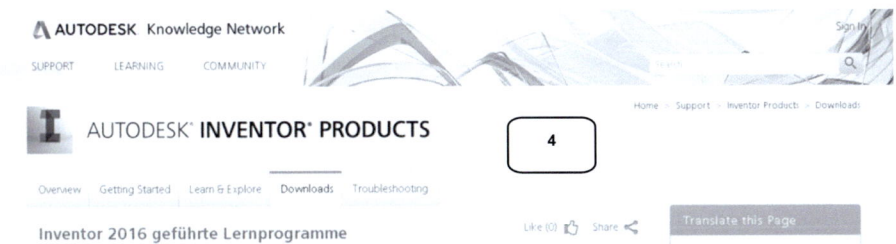

4.3 Zusatzmodule (empfohlene Einstellungen)

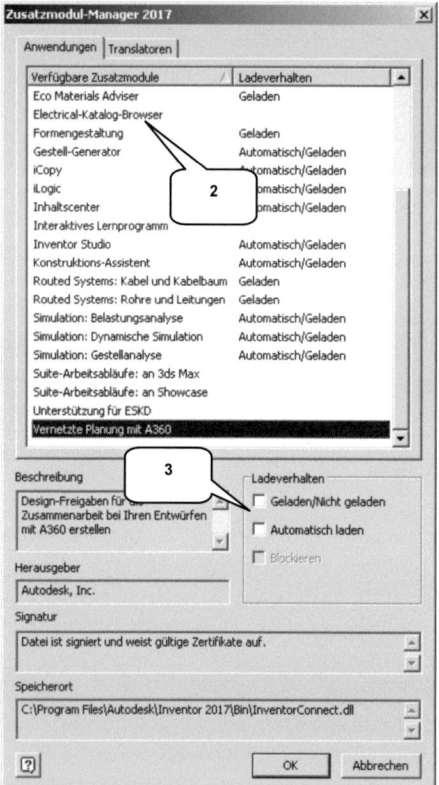

Im Register **Extras** (Befehlsgruppe **Optionen**) befindet sich der Befehl ⊕ Zusatzmodule (1). Ein Klick darauf öffnet den **Zusatzmodul-Manager**. Mit diesem Befehl können die automatisch beim Programmstart zu aktivierenden Programmteile definiert werden. Um ein Modul automatisch laden zu lassen, muss dieses in der **Liste** (2) aktiviert werden, um anschließend die beiden Haken im Bereich **Ladeverhalten** (3) zu setzen. Um ein Modul nicht automatisch bei Programmstart laden zu lassen, sind die beiden Haken zu entfernen.

Die Aktivierung der folgenden Module wird empfohlen:

- Additive Herstellung
- Automatische Begrenzungen
- Baugruppe - Bonuswerkzeuge
- BIM-Austausch
- BIM-Vereinfachen
- Gestell-Generator
- iCopy
- iLogic
- Inhaltscenter
- Inventor Studio
- Konstruktions-Assistent
- Simulation: Belastungsanalyse
- Simulation: Dynamische Simulation
- Simulation: Gestellanalyse

HINWEIS: Je nach Programversion (Inventor® 2017 oder Inventor® Professional 2017) können einige der Module unter Umständen nicht verwendet werden. Bitte beachten Sie, dass eine generelle Aktivierung aller Module die Leistungsfähigkeit Ihres PCs negativ beeinträchtigen kann.

4.4 Anwendungsoptionen (empfohlene Einstellungen)

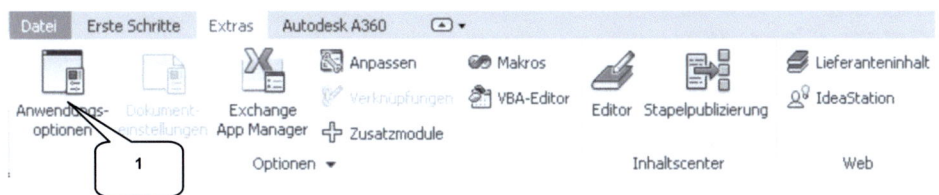

Im Register **Extras** (Befehlsgruppe **Optionen**) befindet sich der Befehl **Anwendungsoptionen** (1). Hier können die Grundeinstellungen am Programm vorgenommen werden. Folgende Einstellungen werden für die Arbeit mit diesem Buch empfohlen:

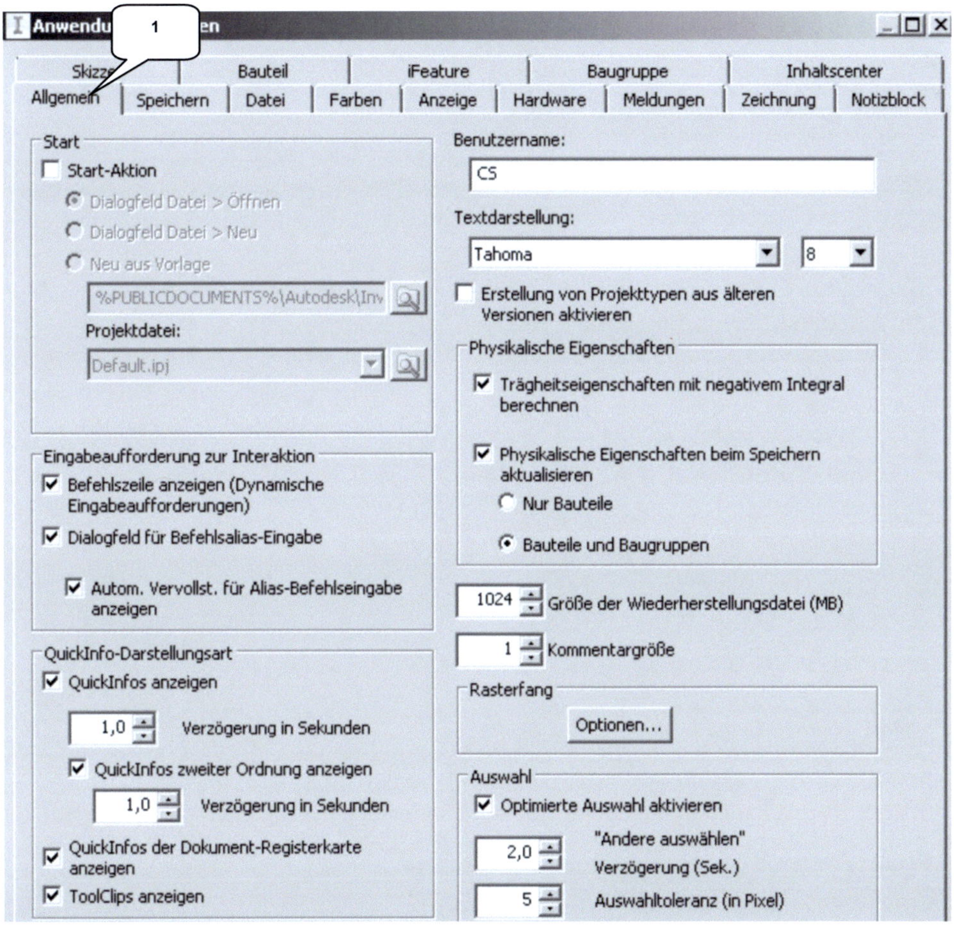

- Anwendungsoptionen (empfohlene Einstellungen) -

Anwendungsoptionen (2)

| Skizze | Bauteil | iFeature | Baugruppe | Inhaltscenter |
| Allgemein | **Speichern** | Datei | Farben | Anzeige | Hardware | Meldungen | Zeichnung | Notizblock |

☐ Aufforderung zum Speichern von neu zu berechnenden Aktualisierungen

☐ Aufforderung zum Speichern der Migration

☐ Referenzierte Dateien mit Vorgabe "Nein" im Speichern-Dialogfeld nicht auflisten

☑ Timer für Speichererinnerung: 30   Minuten

Translationsbericht in Dokument einbetten

[?]   Importieren...   Exportieren...   OK   Abbrechen   Anwenden

- Anwendungsoptionen (empfohlene Einstellungen) -

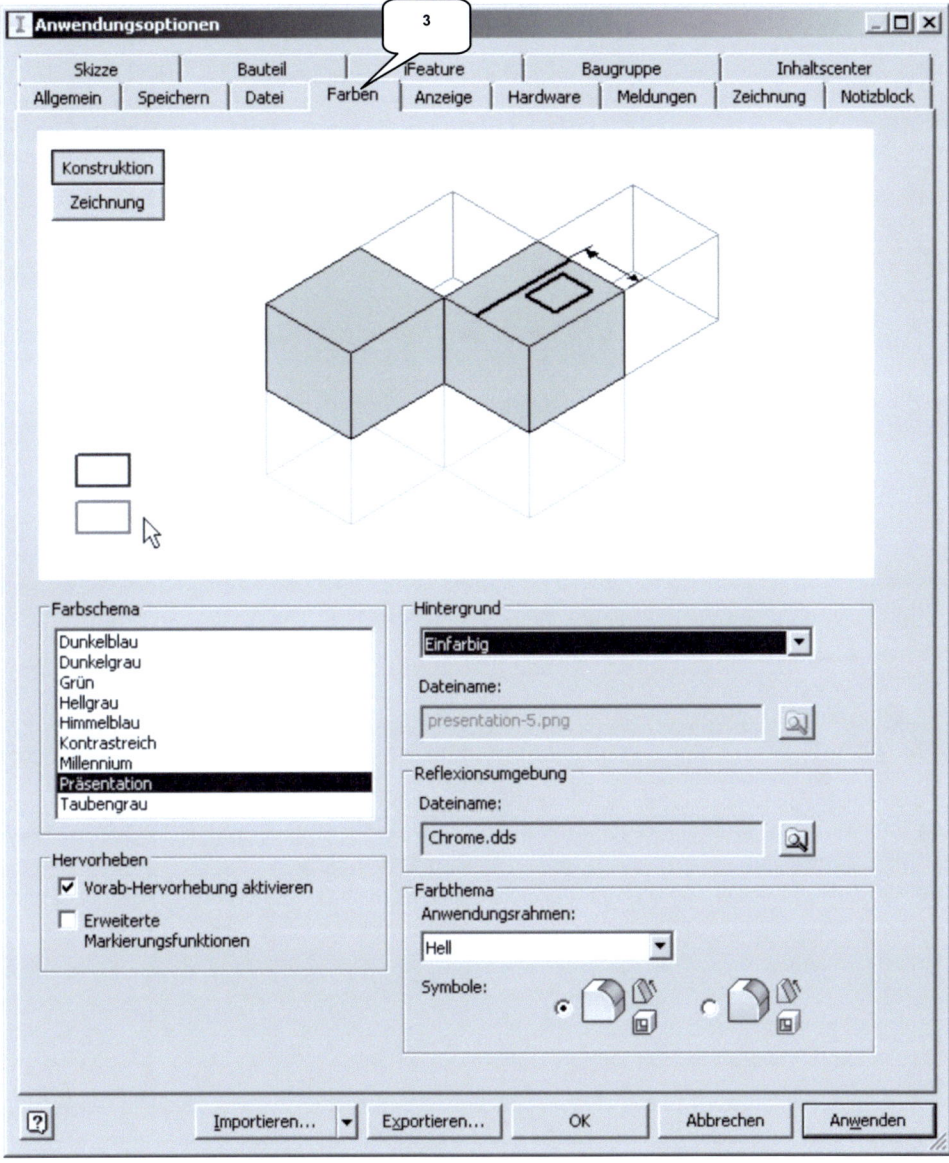

- Anwendungsoptionen (empfohlene Einstellungen) -

- Anwendungsoptionen (empfohlene Einstellungen) -

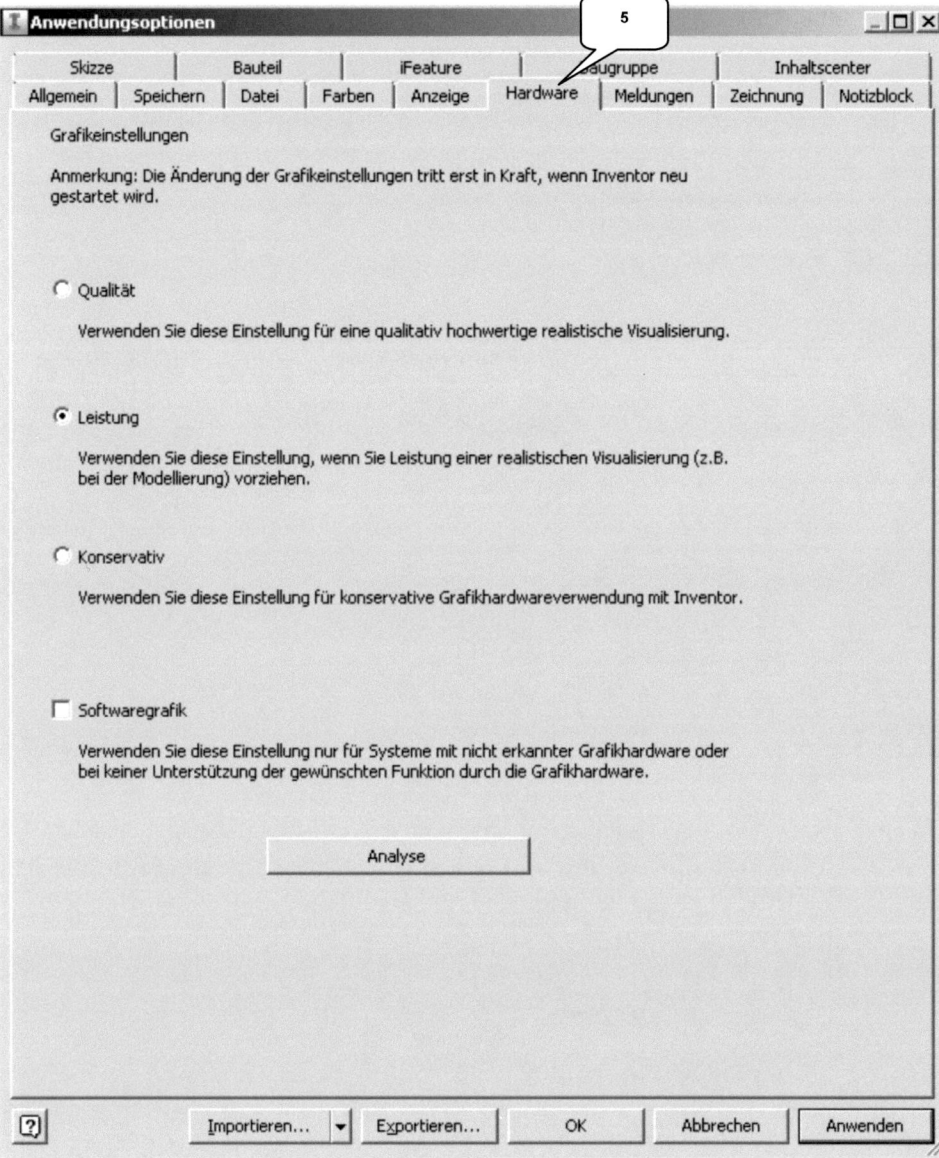

- Anwendungsoptionen (empfohlene Einstellungen) -

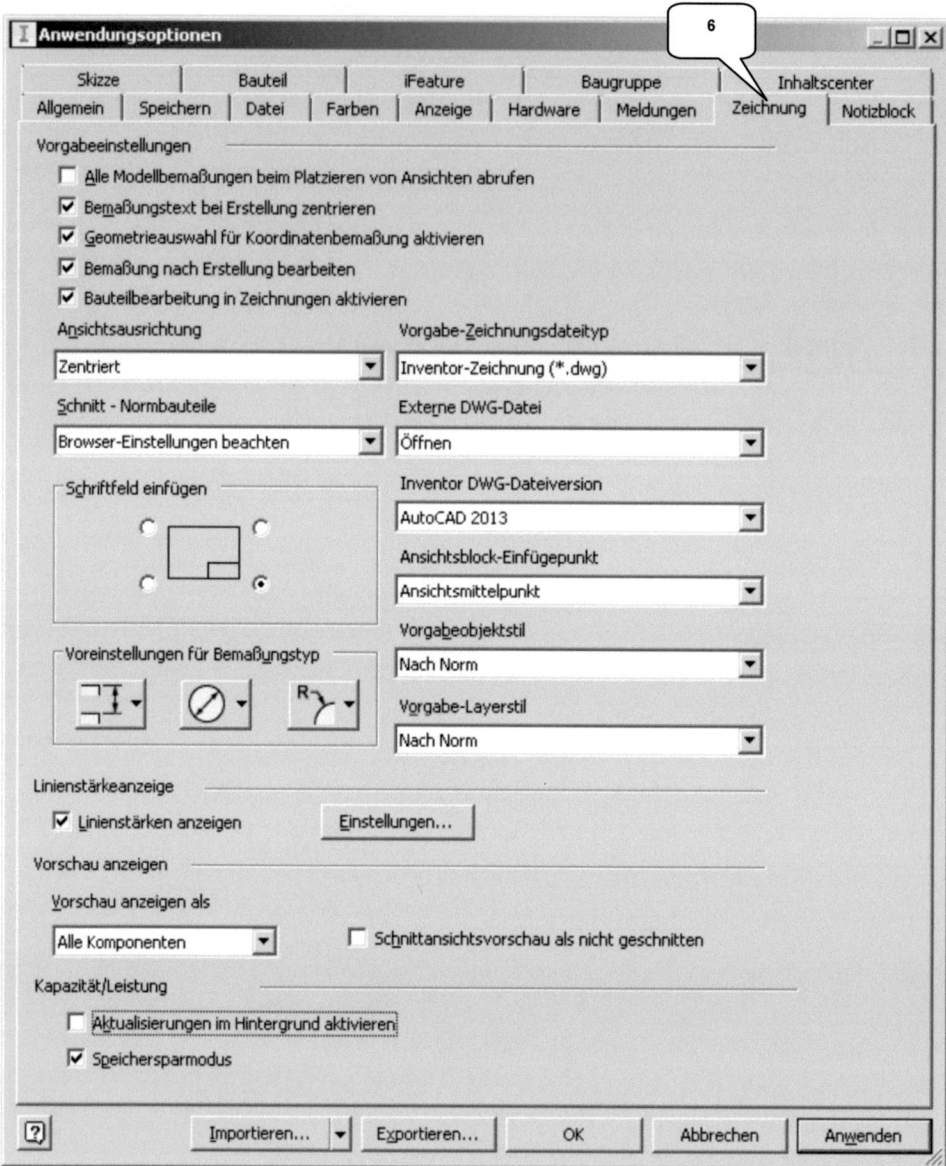

- Anwendungsoptionen (empfohlene Einstellungen) -

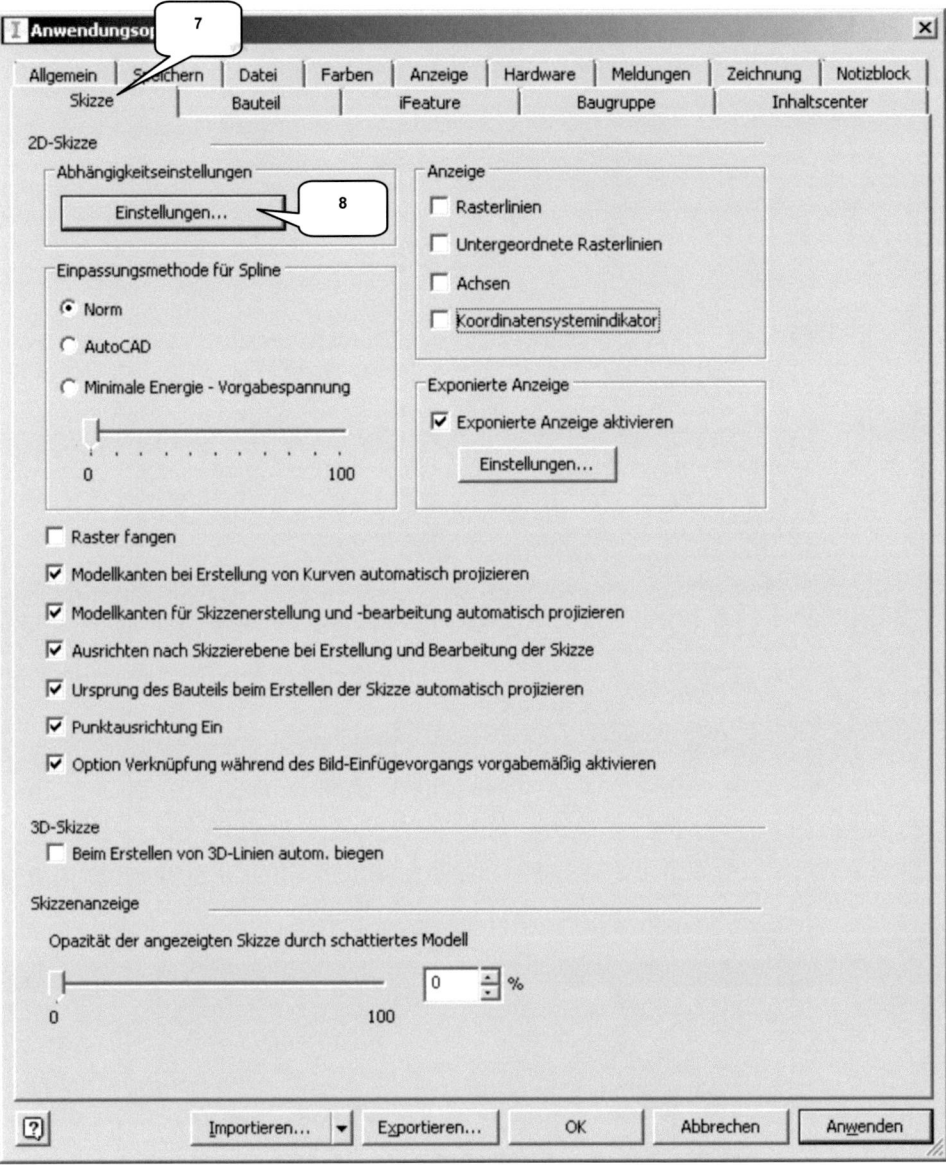

- Anwendungsoptionen (empfohlene Einstellungen) -

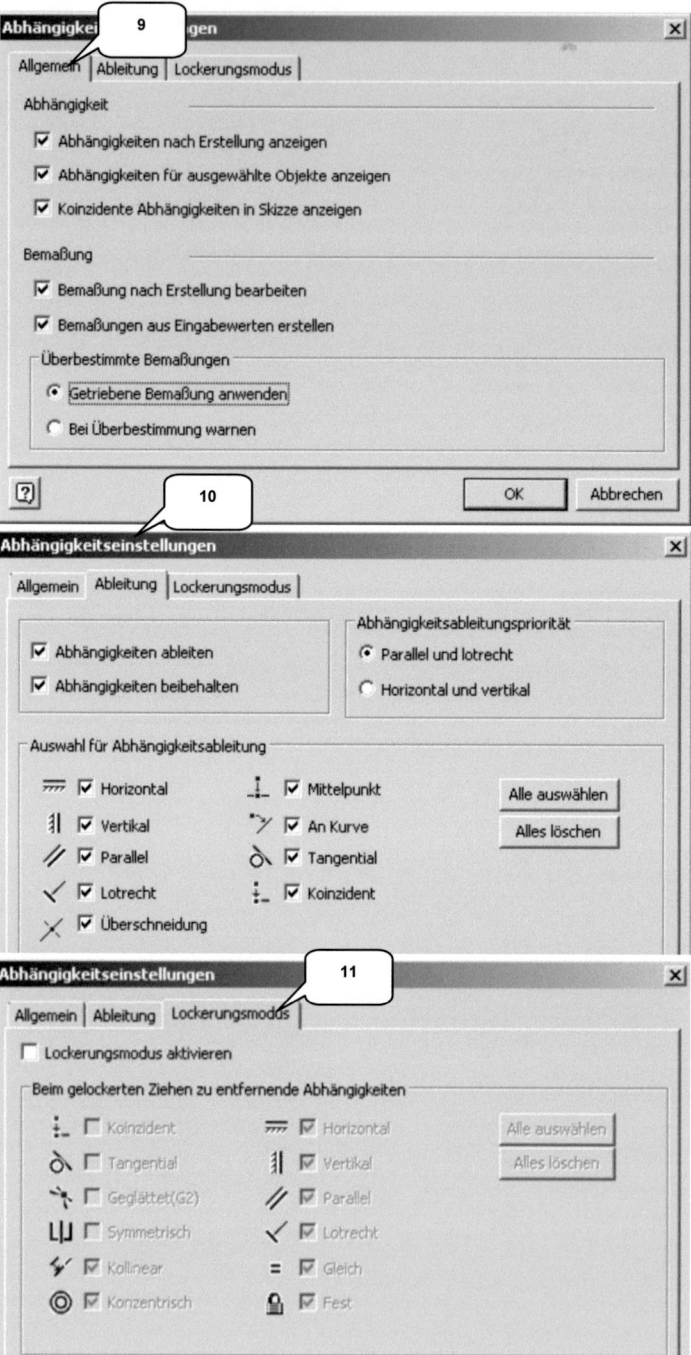

- Anwendungsoptionen (empfohlene Einstellungen) -

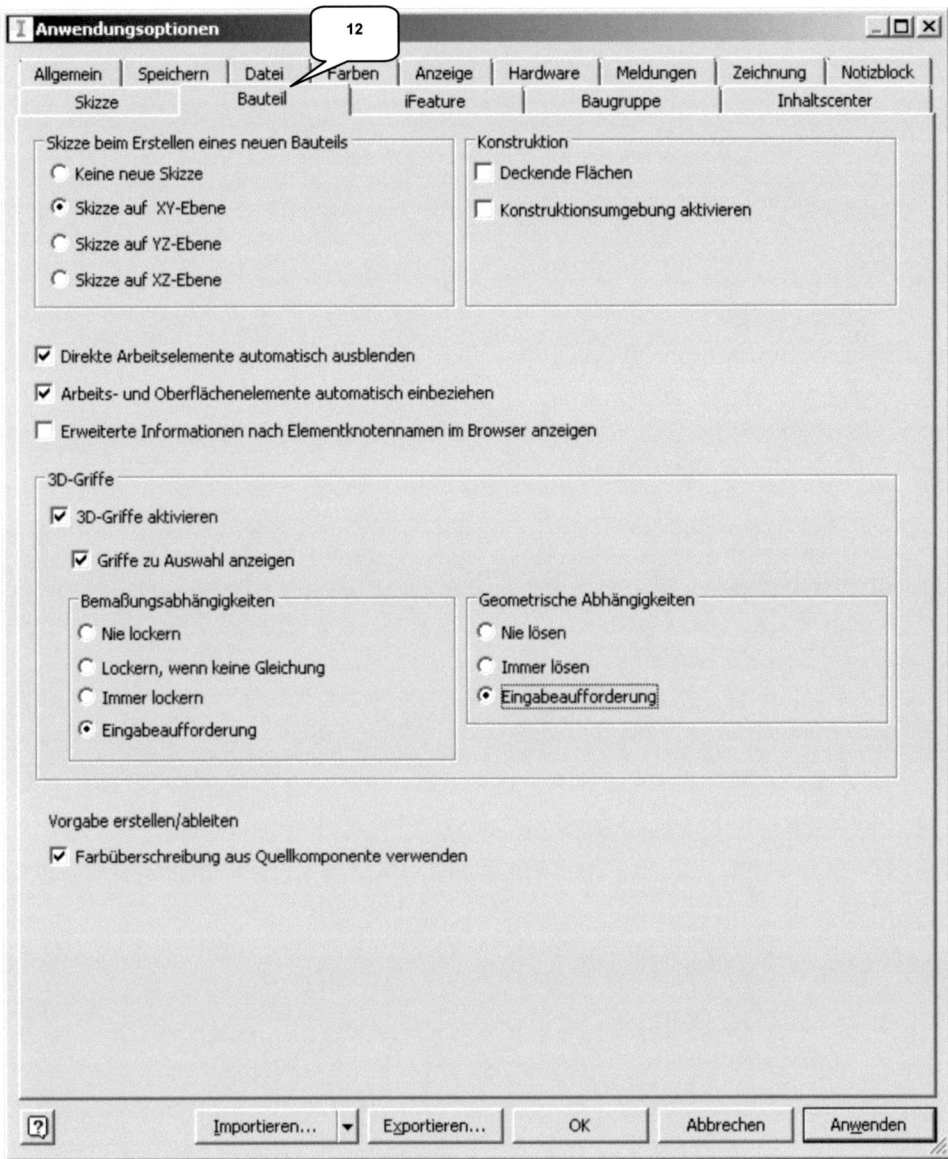

- Anwendungsoptionen (empfohlene Einstellungen) -

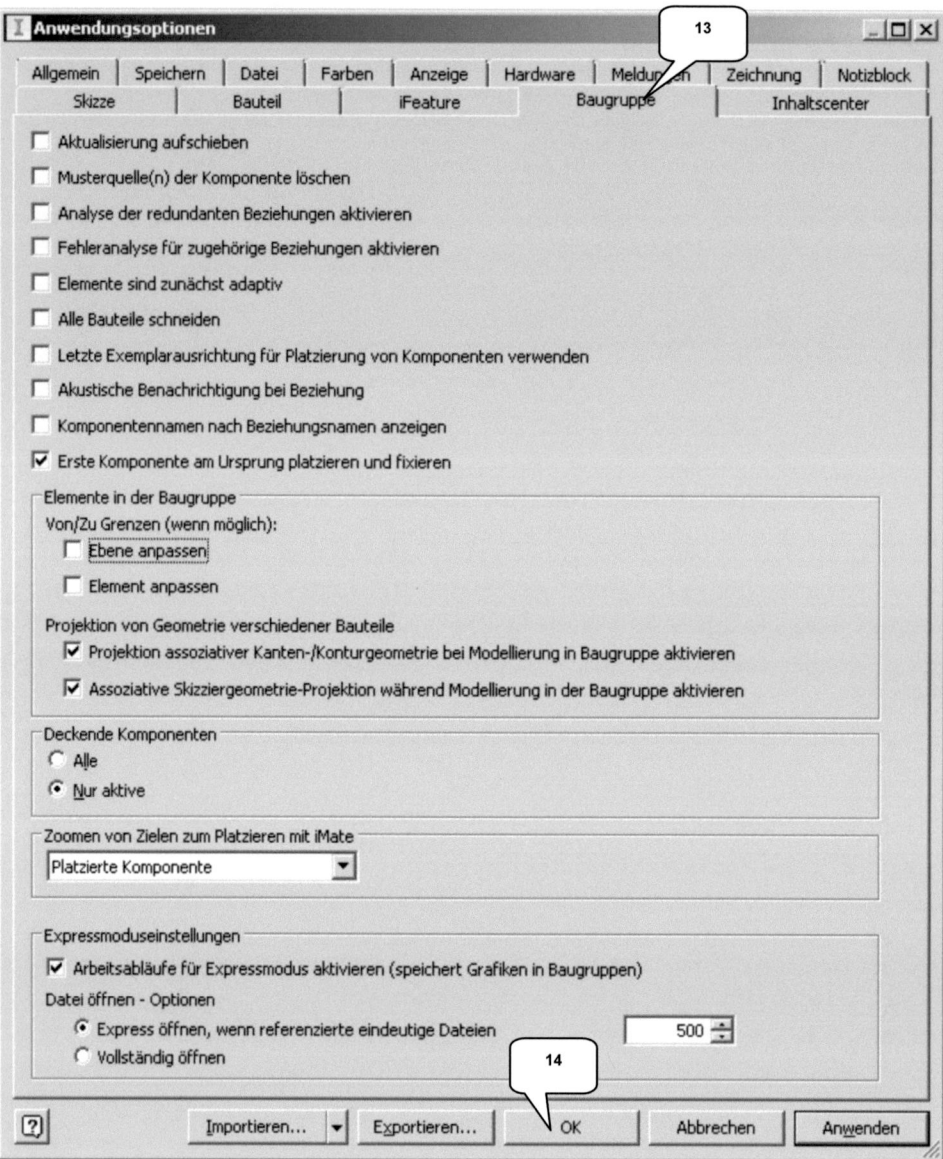

5 Aktivierung des Einzelbenutzerprojekts

***Inventor**®* arbeitet grundsätzlich in Projekten, was die Koordination zusammenhängender Dateien und Einstellungen vereinfacht. Eine Projektdatei (*.ipj) sichert alle Informationen und Querverweise eines Projekts. Das ist wichtig, wenn später komplexe Baugruppen archiviert oder von einem PC auf einen anderen übertragen werden sollen.

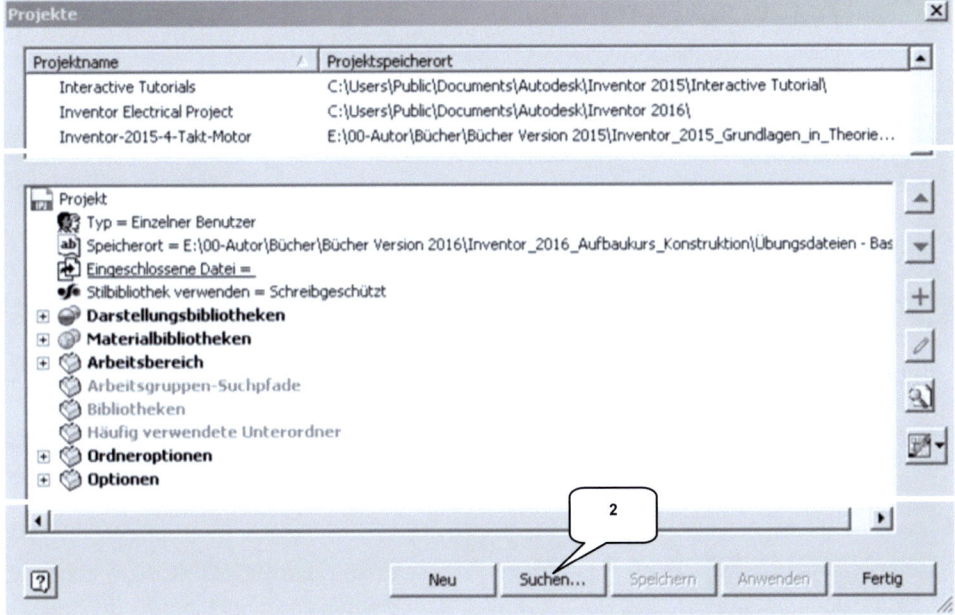

Starten Sie im Register **Erste Schritte** (Befehlsgruppe **Starten**) den Befehl **Projekte** (1). Mit der Option **Suchen** (2) soll in Ihrem Projektordner die Projektdatei **Übung-Konstruktion-2017.ipj** (3) aktiviert werden, welche sich bereits bei den extrahierten Dateien befindet.

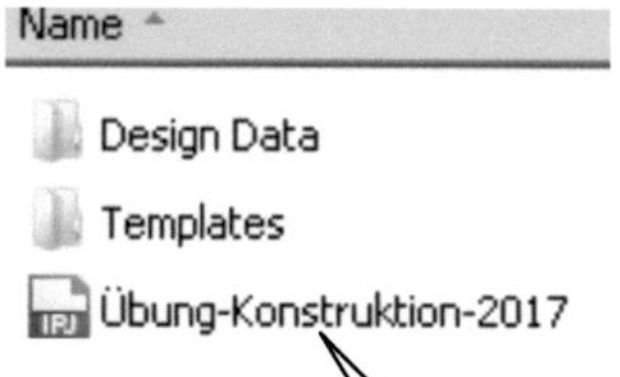

- Anwendungsoptionen (empfohlene Einstellungen) -

Das neue Projekt wird automatisch aktiviert, was durch ein kleines ✓ **Häkchen** in der entsprechenden Zeile des Projektfensters (4) signalisiert wird. Auch bei der späteren Arbeit mit dem Programm, sollte das jeweils aktive Projekt nach Programmstart stets kontrolliert werden.

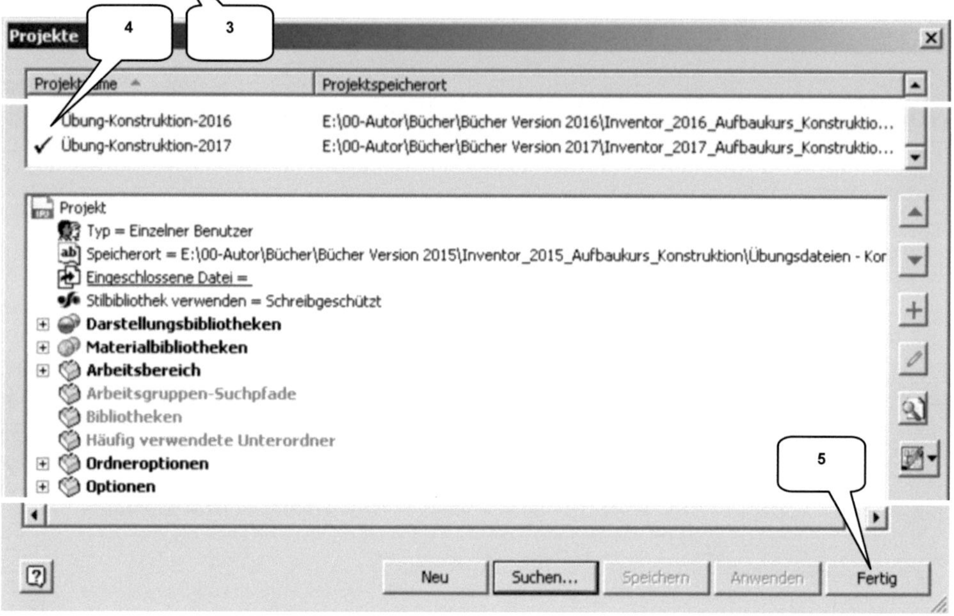

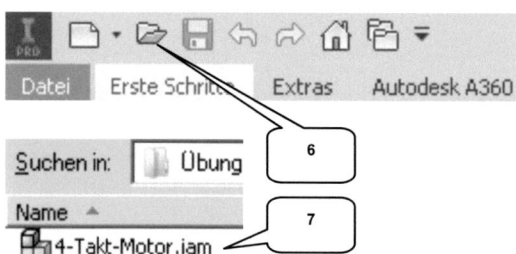

So kann vermieden werden, dass Dateien unbeabsichtigt einem anderen Projekt zugeordnet werden.

Wurde das Projekt aktiviert, kann das Befehlsfenster mit **Fertig** (5) beendet und die Baugruppe geöffnet werden.

📂 **Öffnen** (6) Sie die vorhandene Baugruppe **4-Takt-Motor.iam** (7), welche sich bereits im Downloadordner befindet.

6 Komplettierung des Kurbeltriebs

6.1 Theoretische Grundlagen zum Zahnriemenantrieb

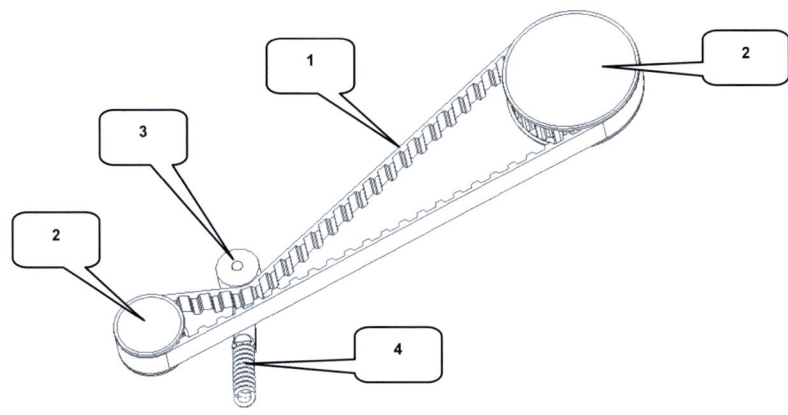

Um die Nockenwelle des Motors durch die Kurbelwelle antreiben zu können, können Zahnriemen-, Ketten- oder Zahnradantriebe eingesetzt werden. Häufig werden Zahnriemenantriebe verwendet, da sie, bedingt durch ihren Aufbau (Kunststoffgewebe mit innenliegenden Zugdrähten aus Metall), geräuscharm während des Betriebs und kostengünstig sind. Der Zahnriemen (1), der auch in diesem Projekt verwendet wird, wird über Zahnräder geführt (2). Um ihn konstant auf Spannung zu halten, soll er mit einer zusätzlichen Spannrolle (3) versehen werden, welche mit einer Zugfeder (4) zu spannen ist.

6.2 Konstruktion eines Zahnriemenantriebes
6.2.1 Befehlsgrundlagen ZAHNRIEMEN-GENERATOR

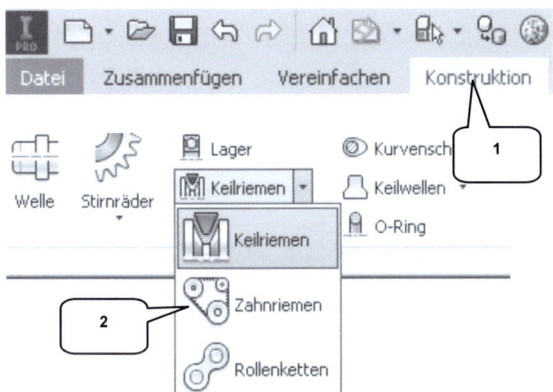

Im Register **Konstruktion** (1) finden Sie den **Zahnriemen-Generator** (2). Damit können Zahnriemenantriebe (bestehend aus Zahnriemen, Riemenscheiben und Spannrollen) berechnet und konstruiert werden.

Nachdem der Befehl gestartet wurde, öffnet sich das Befehlsfenster, in dem die Einstellungen vorzunehmen sind.

Sie finden Sie eine Auswahl an Zahnriementypen, welche anhand ihrer Norm ausgewählt und bearbeitet werden können. Ein Zahnriemenantrieb kann frei positioniert oder auf bereits vorhandene geometrische Elemente bezogen werden, wobei die Darstellung per Skizze, als Volumenkörper oder auch detailliert ausgeführt kann.

6.2.1.1 Register KONSTRUKTION

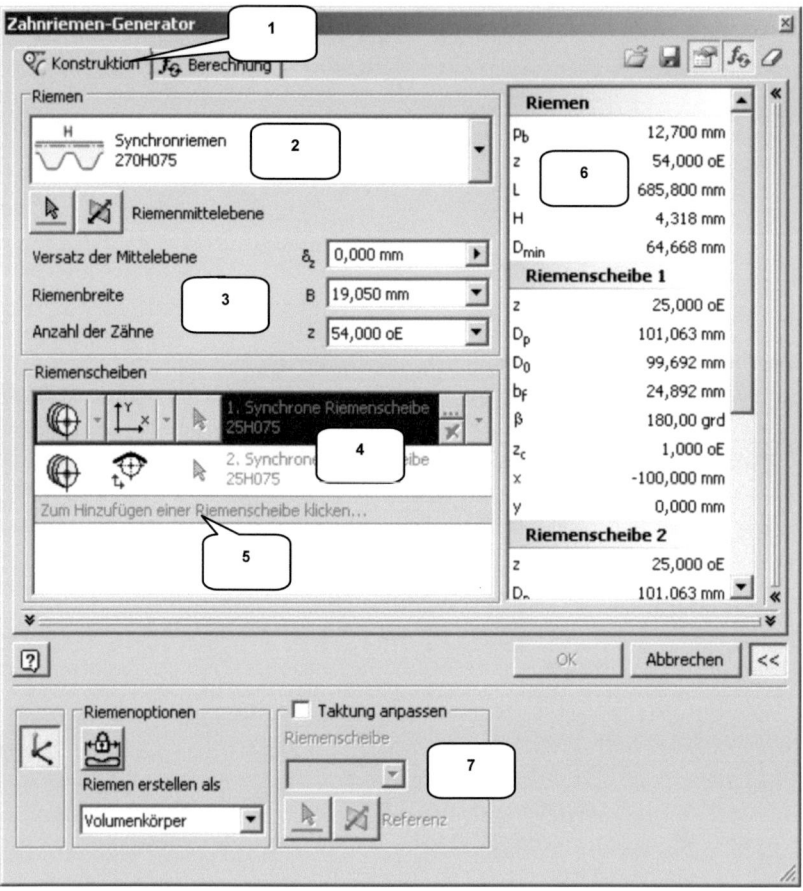

Im Register **Konstruktion** kann ein Zahnriementyp aus dem Inhaltscenter ausgewählt und anschließend bearbeitet werden. Riemenscheiben und Spannrollen können ergänzt und bearbeitet werden. Die Konstellation kann als Vorlage exportiert werden, vorhandene Konstellationen können importiert werden.

OPTIONEN

1) Register: Konstruktion/ Berechnung
2) Riementyp auswählen
3) Riemenmittelebene, Versatz der Mittelebene, Riemenbreite und Anzahl der Zähne
4) Riemenscheiben/ Spannrollen bearbeiten
5) Riemenscheiben/ Spannrollen hinzufügen
6) Berechnungsergebnisse
7) Riementrieb als Skizze, Volumenkörper oder detailliert darstellen

6.2.1.2 Register BERECHNUNG

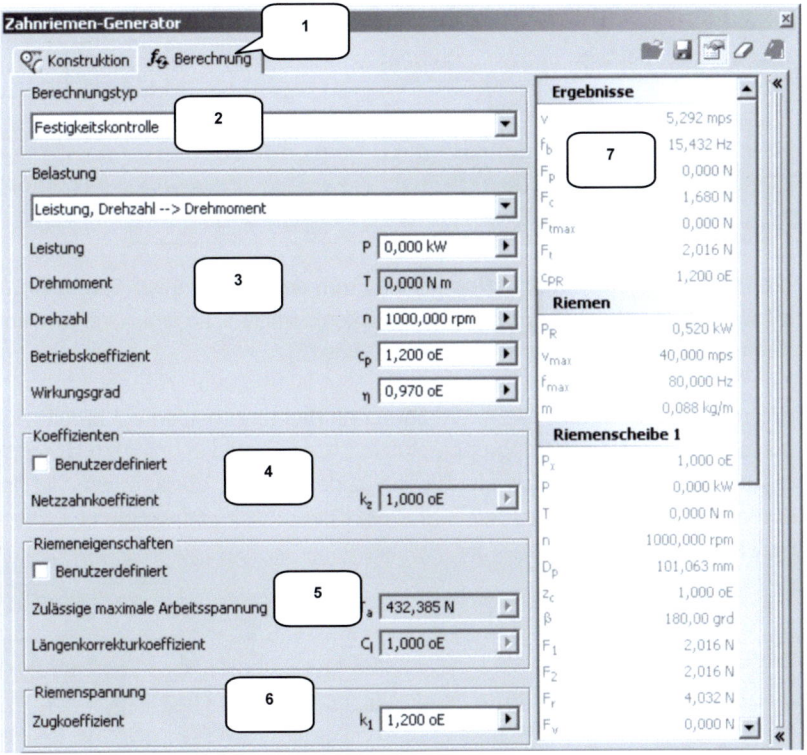

Das Register **Berechnung** wird zur Berechnung des gesamten Riemensystems auf Belastung, Koeffizienten, Riemeneigenschaften und Riemenspannung verwendet.

OPTIONEN

1) Register: Konstruktion/ Berechnung
2) Berechnungstyp
3) Belastung
4) Koeffizienten

5) Riemeneigenschaften
6) Riemenspannung
7) Berechnungsergebnisse

6.2.2 Zahnriemenantrieb zwischen Nocken-und Kurbelwelle erzeugen

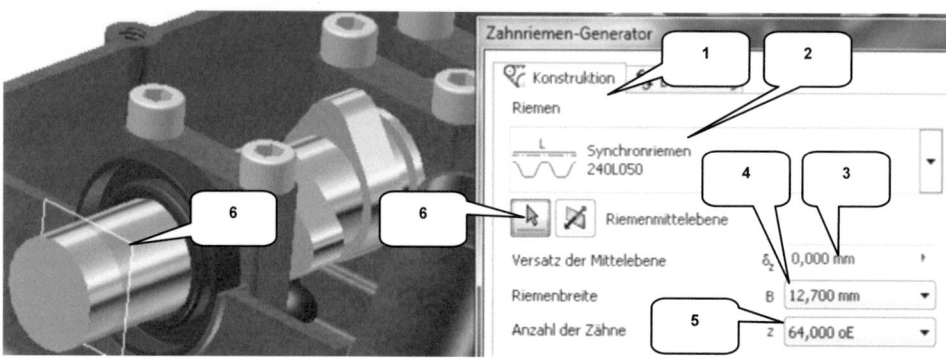

Ändern Sie im Register **Konstruktion** (1) die Form des Riemens auf **Synchronriemen L** (hierfür ist auf das **Riemensymbol** (2) zu klicken), wählen Sie einen Versatz von **0 mm** (3) eine Riemenbreite von **12,7 mm** (4) und **64** Zähne (5).

Mit dem Zahnriemen-Generator können Riemen und Riemenscheiben auf bereits vorhandene geometrische Elemente der Baugruppe platziert werden, und in unserem Übungsbeispiel sollen hierfür Nockenwelle und Kurbelwelle verwendet werden. Vorab muss allerdings eine **Referenzebene** zugewiesen werden, wofür die Ebene (6) zu verwenden ist, die sich auf der Nockenwelle befindet.

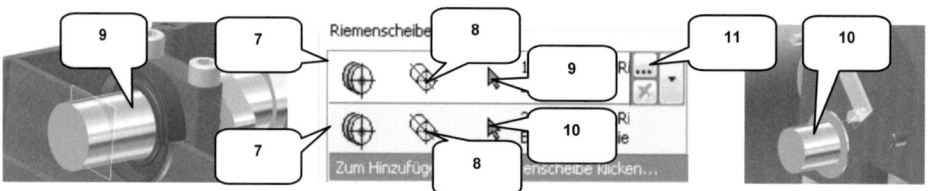

Anschließend können die Riemenscheiben referenziert werden. Im Auswahlfeld **Riemenscheiben** sollten bereits zwei Riemenscheiben voreingestellt sein. Achten Sie darauf, dass bei beiden die Optionen **Komponente** (7) und **Feste Position** **Feste Position über ausgewählte Geometrie** (8) aktiviert ist. Andernfalls sind diese Einstellungen nachzuholen.

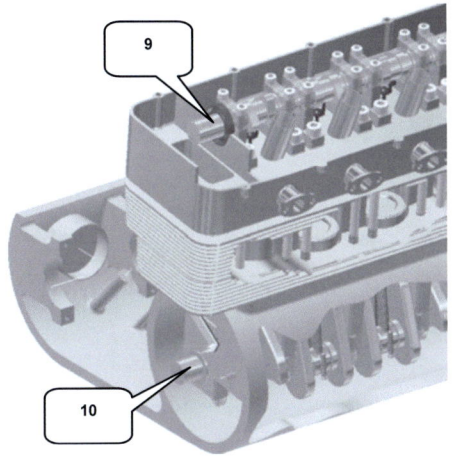

Weisen Sie der ersten Riemenscheibe die Zylinderfläche der Nockenwelle (9) und der zweiten Riemenscheibe die Zylinderfläche der Kurbelwelle (10) zu.

HINWEIS: Sollte es Probleme dabei geben, die Referenzen der Riemenscheiben auszuwählen (der **Pfeil** bleibt grau hinterlegt und lässt sich nicht aktivieren), aktivieren Sie zuerst die Option **Vorhanden**, wählen dann die Referenzen um danach wieder zur Option **Komponente** zurückzukehren.

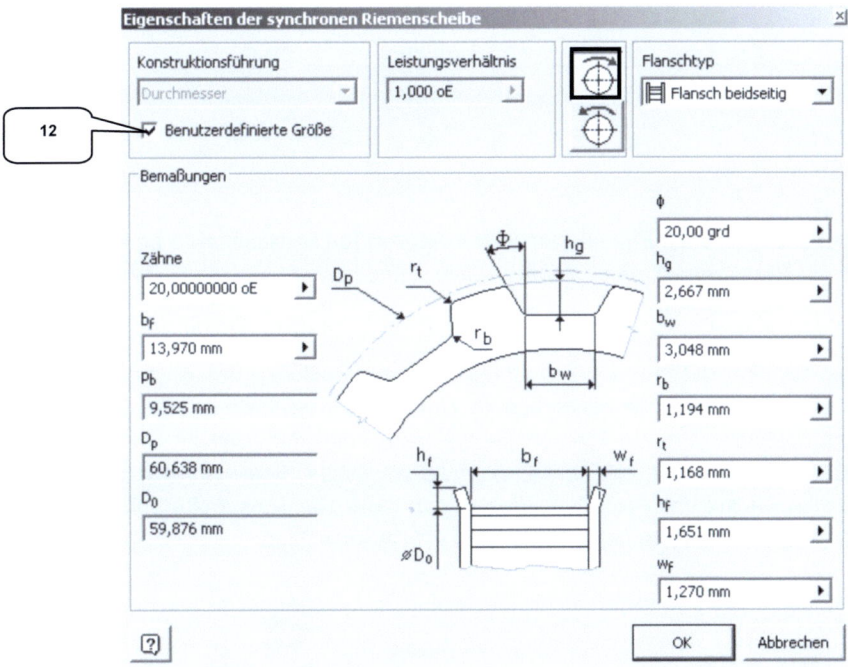

Klicken Sie auf die Zeile des ersten Riemenrades und öffnen Sie die **Eigenschaften** (11). Aktivieren Sie die **Benutzerdefinierte Größe** (12) und übernehmen Sie die Einstellungen und Werte der oberen Abbildung. Beenden Sie den Befehl abschließend mit **OK**.

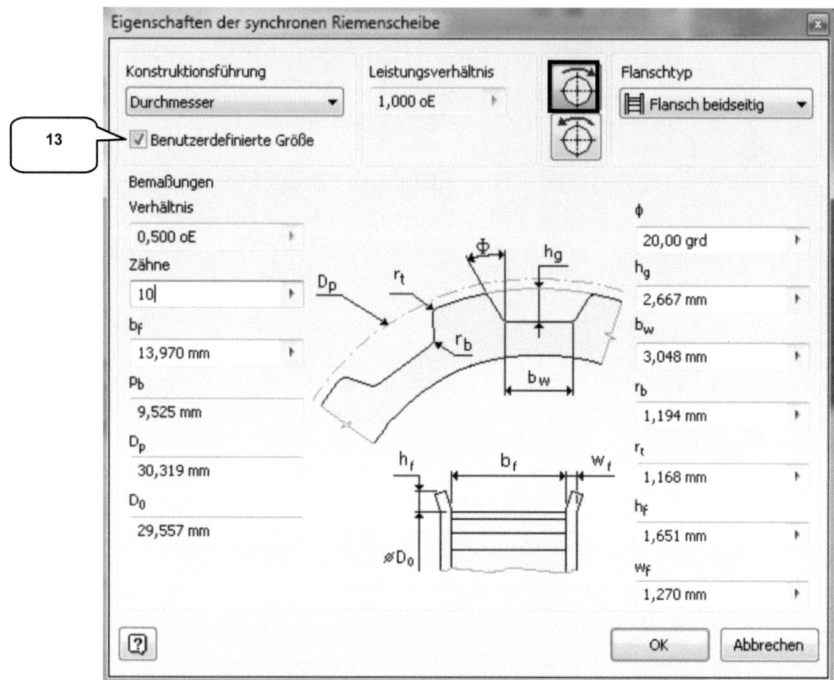

Im Anschluss daran sind die **Eigenschaften** der zweiten Riemenscheibe zu bearbeiten. Aktivieren Sie die **Benutzerdefinierte Größe** (13) und übernehmen Sie die in der oberen Abbildung dargestellten Einstellungen und Werte.

Ein Zahnriemen kann sich mit der Zeit längen, was ein Rutschen des Riemens über die Zähne des Zahnrades zur Folge haben könnte. Um das zu verhindern und den Zahnriemen dauerhaft zu spannen, wird ein Riemenspanner verwendet, der auch im Übungsbeispiel montiert werden soll. Hierfür soll eine Spannrolle als flache Riemenscheibe hinzugefügt werden. Klicken Sie auf das Feld **Zum Hinzufügen einer Riemenscheibe klicken…** (14) um dann die **Flache Riemenscheibe (metrisch)** (15) auszuwählen.

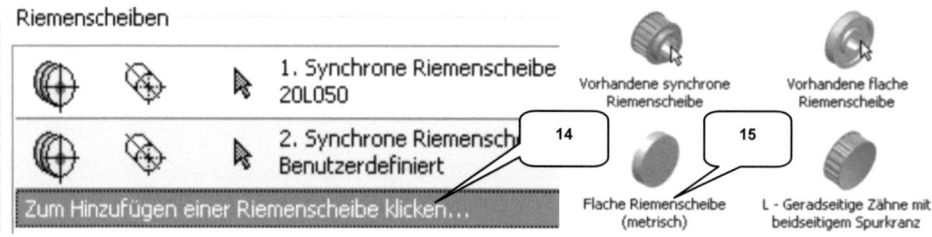

Aktivieren Sie in der neuen Zeile die Optionen ⊕ Komponente **Komponente** (16) sowie ℞ **Richtungsorientierte verschiebbare Position** (17) und als ▸ **Richtungsreferenz** die Ebene (18) am Bauteil *Führung-Spannrolle-Zahnriemen*.

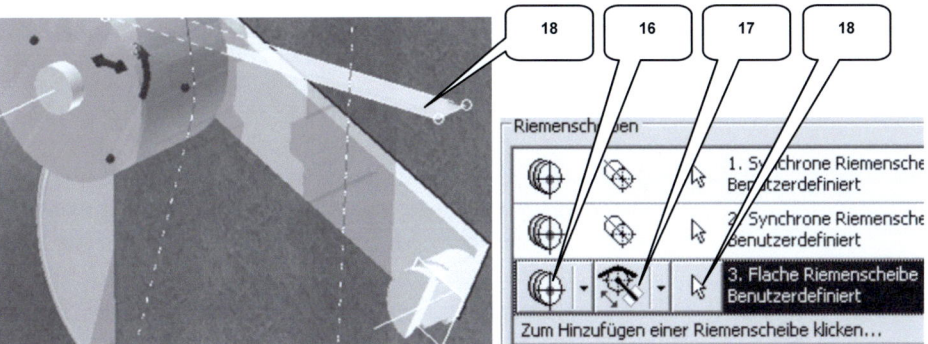

HINWEIS: Zahnriemenantriebe unterliegen festgelegten Berechnungsvorschriften. Um dem Programm zu ermöglichen, die Riemenlänge unter Beachtung aller Parameter korrekt errechnen zu können, ist es notwendig, eine der drei Riemenscheiben mit einem zusätzlichen Freiheitsgrad zu versehen. Dieser soll eine Korrektur des Längenausgleichs ermöglichen.

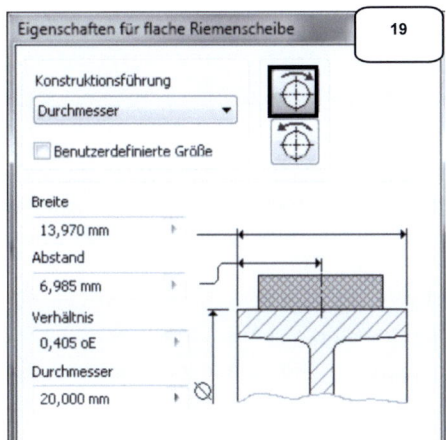

Die Option ℞ **Richtungsorientierte verschiebbare Position** gibt der Riemenscheibe die Möglichkeit, sich auf einer definierten Ebene frei bewegen zu können. Hierdurch kann die Position der Riemenscheibe auf der Ebene frei verschoben, die korrekte Zahnriemenlänge berechnet und der Zahnriemenantrieb erzeugt werden.

Öffnen Sie die ⋯ **Eigenschaften** der flachen Riemenscheibe und übernehmen Sie die Einstellungen der nebenstehenden Abbildung (19).

Noch verläuft der Zahnriemen links neben der Spannrolle (20), was aufgrund der konstruktiven Eigenschaften des Zahnriemens (außen glatt, innen gezahnt) falsch wäre. Klicken Sie zur Korrektur auf den **gebogenen Pfeil** der Spannrolle (21). Anschließend sollte der Zahnriemen rechts neben der Spannrolle entlanggeführt werden (22).

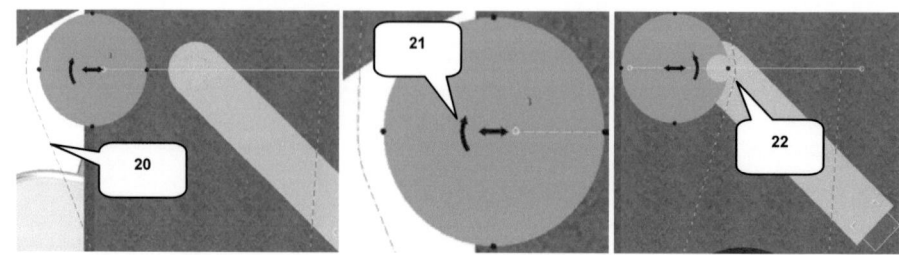

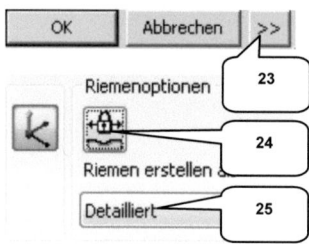

Das korrigierte Ergebnis ist in der oberen rechten Abbildung zu sehen. Der Riementrieb kann jetzt berechnet werden. >> **Erweitern** Sie das Befehlsfenster (23), deaktivieren Sie im unteren Bereich des Zahnriemen-Generators die **Riemenlängensperre** (24) und stellen Sie die Option **Detailliert** (25) ein. Wechseln Sie ins Register Berechnung **Berechnung**, beginnen Sie dort mit dem Berechnen **Berechnen** und bestätigen Sie mit OK **OK**.

HINWEIS: Sollte nach der Berechnung eine Fehlermeldung angezeigt werden, bestätigen Sie sie einfach. Leider reagiert das Programm auf kleine Abweichungen oft sehr sensibel, die Berechnung erfolgt allerdings trotzdem.

Die Abfrage nach dem Speicherort der neuen Komponenten (Zahnriemen, Riemenräder, Spannrolle) kann mit OK **OK** bestätigt werden. Ein weiterer Ordner **Konstruktions-Assistent** wird automatisch innerhalb des Projektordners erzeugt, in dem die neuen Komponenten gesichert werden. **Speichern** Sie die gesamte Baugruppe und achten Sie darauf, die Option Ja für alle **Ja für alle** zu aktivieren, um auch die neu generierten Komponenten zu speichern.

HINWEIS: Um eine Komponente des Registers **Konstruktion** zu bearbeiten, klicken Sie mit der **rechten Maustaste** darauf und wählen dann die Option **Mit Konstruktions-Assistent bearbeiten**. Um es zu löschen, muss die Option **Konstruktions-Assistent-Komponente löschen** verwendet werden.

6.2.3 Befehlsgrundlagen ZUGFEDER-KOMPONENTEN-GENERATOR

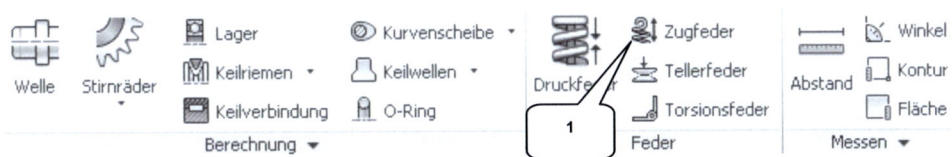

Der **Zugfeder-Komponenten-Generator** (1) dient zur Berechnung und zur Konstruktion von Zugfedern. Im Gegensatz zum vorherigen Befehl, kann die Feder nicht auf bereits vorhandene geometrische Elemente der Baugruppe bezogen werden, sondern muss manuell positioniert, also mit Abhängigkeiten versehen werden.

6.2.3.1 Register KONSTRUKTION

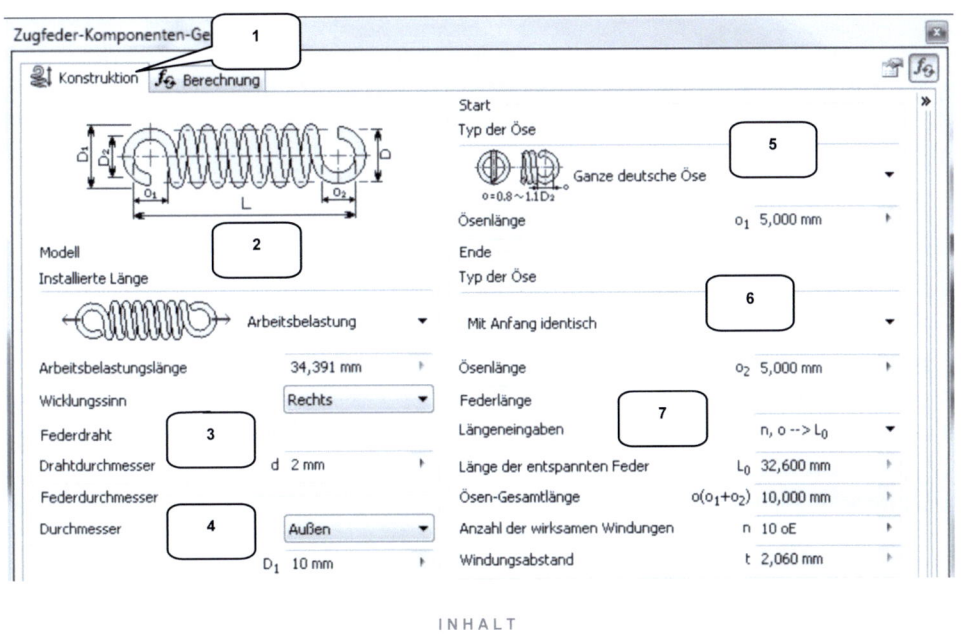

Im Register **Konstruktion** können Federform, Drahtdurchmesser, Typ der Öse und Federlänge definiert werden.

- Konstruktion eines Zahnriemenantriebes -

OPTIONEN

1) Register: Konstruktion/ Berechnung
2) Darzustellende Belastung
3) Durchmesser Federdraht
4) Durchmesser Feder

5) Typ der ersten Öse
6) Typ der zweiten Öse
7) Federlänge

6.2.3.2 Register BERECHNUNG

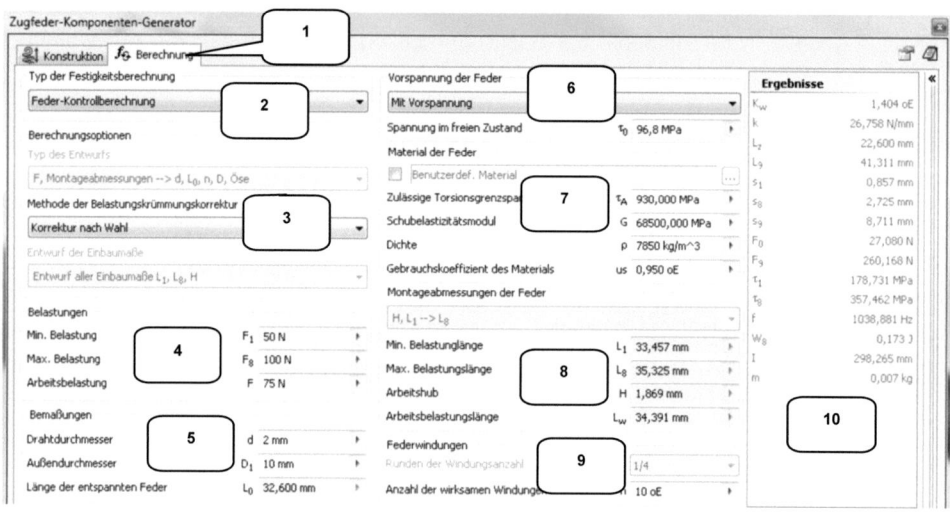

INHALT

Im Register **Berechnung** werden der Typ der Festigkeitsberechnung definiert (Zugfederentwurf, Feder-Kontrollberechnung, Berechnung der Arbeitskräfte), sowie Belastungen, Bemaßungen, Vorspannungen, Material, Windungen und Abmessungen festgelegt.

OPTIONEN

1) Register: Konstruktion/ Berechnung
2) Typ der Festigkeitsberechnung
3) Berechnungsoptionen
4) Belastungen
5) Bemaßungen

6) Vorspannung der Feder
7) Federmaterial
8) Montageabmessungen der Feder
9) Federwindungen
10) Berechnungsergebnisse

6.2.4 Spannrolle des Zahnriemens mit einer Zugfeder beaufschlagen

Der Zahnriemen des Übungsbeispiels wird durch eine flache Spannrolle gespannt, um ein Springen des Zahnriemens über die Zähne der Zahnräder zu verhindern. Weil die Spannrolle selbst keine Kraft aufbringen kann, muss sie zusätzlich mit einer Zugfeder beaufschlagt werden: der Riemen wird konstant gespannt.

Übernehmen Sie alle Werte und Einstellungen aus den folgenden beiden Abbildungen.

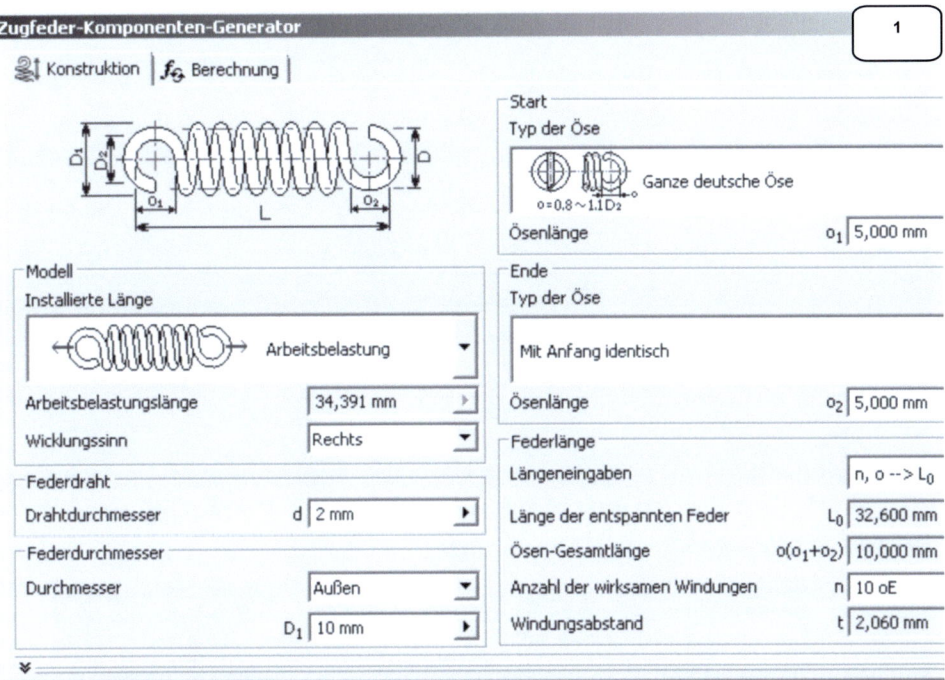

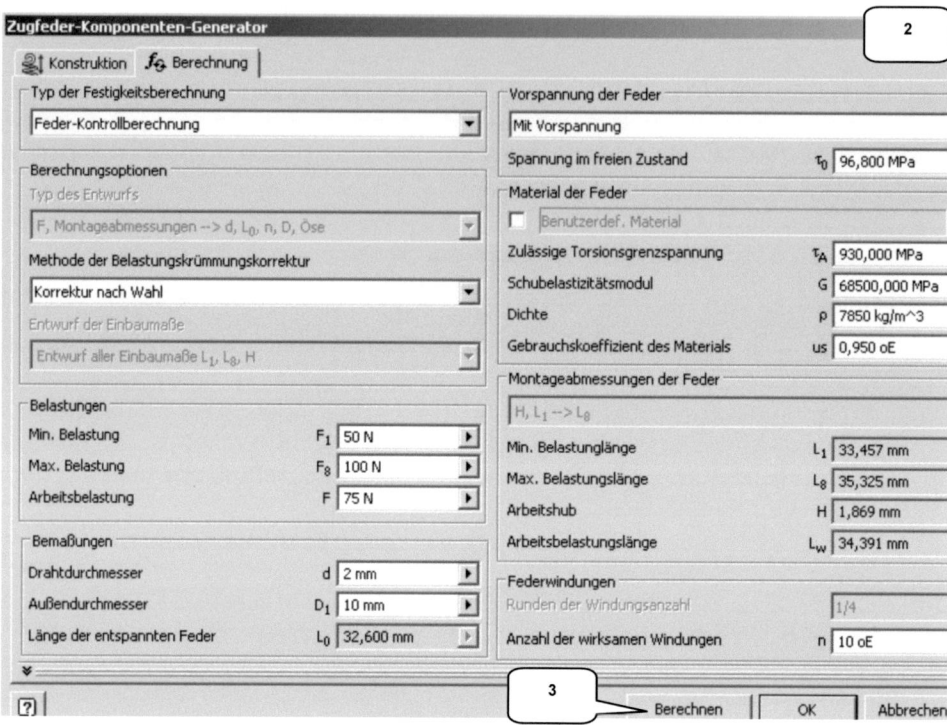

Die Feder kann einmal frei im Zeichenbereich abgelegt werden. Verwenden Sie die folgenden drei Abhängigkeiten (Register **Zusammenfügen**, Befehl **Abhängig machen**), um die Feder zu positionieren.

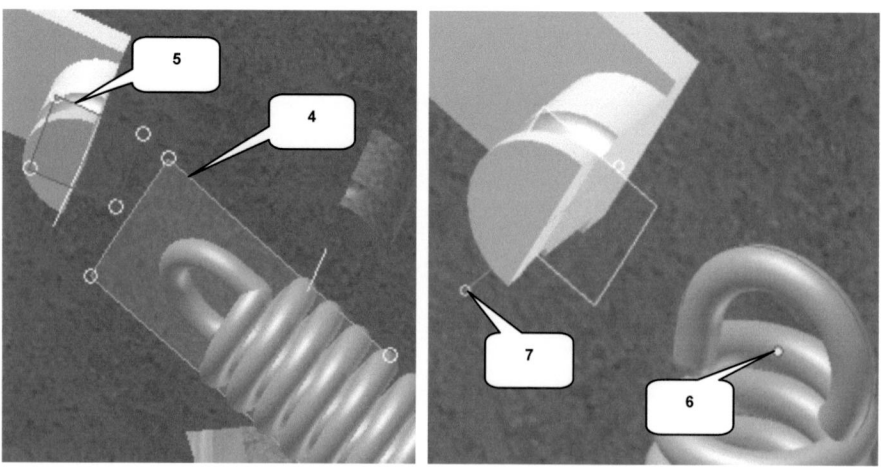

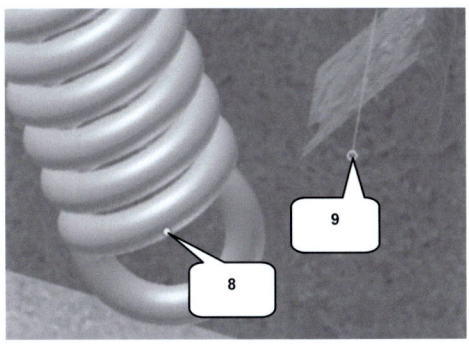
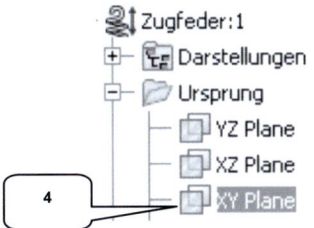

Platzieren Sie zuerst die **XY-Ebene** der Zugfeder (4) auf die markierte **Ebene** des Bauteils Führung-Spannrolle-Zahnriemen (5). Die **Mittelpunkte** der Federösen (6) und (8) können anschließend auf die markierten **Achsen** (7) und (9) gelegt werden. Bild (10) stellt Lage und Ausrichtung der Feder nach der Positionierung dar.

Speichern Sie die gesamte Baugruppe im Anschluss daran und achten Sie darauf, im Befehlsfenster **Speichern** die Option `Ja für alle` **Ja für alle** zu aktivieren.

6.3 Konstruktion einer Druckfeder
6.3.1 Erzeugen einer geschnitten dargestellten Ansicht

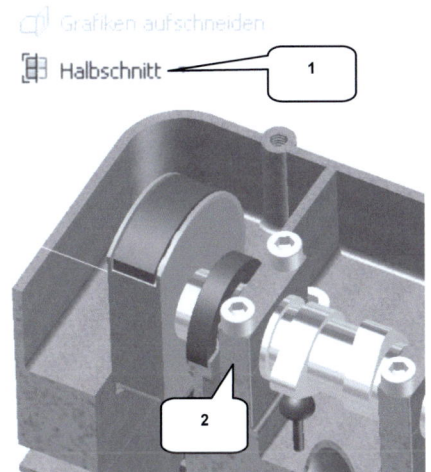

Zwischen den Ventilen und dem Zylinderkopf sollen Druckfedern konstruiert werden, welche das Ventil konstant gegen die Nockenwelle pressen. Zur besseren Ansicht während der Montage ist die Baugruppe geschnitten darzustellen.

Wechseln Sie hierfür ins Register **Ansicht**, starten Sie den Befehl **Halbschnitt** (1) in der Befehlsgruppe **Darstellung** und wählen Sie die markierte Seitenfläche (2) des Nockenwellenhalters. Bestätigen Sie die Auswahl mit **OK** und kehren Sie ins Register **Konstruktion** zurück.

- Konstruktion einer Druckfeder -

6.3.2 Befehlsgrundlagen DRUCKFEDER-GENERATOR

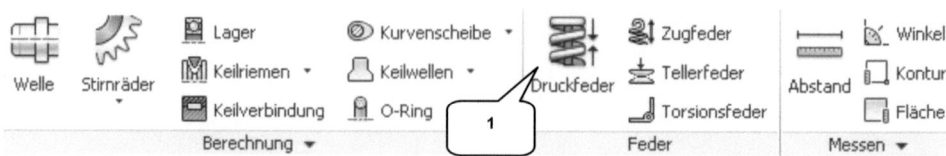

Der **Druckfeder-Generator** (1) berechnet und konstruiert Druckfedern. Im Gegensatz zum Zugfeder-Komponenten-Generator, kann die Druckfeder bereits aus dem Befehl heraus auf vorhandene geometrische Elemente der Baugruppe platziert werden, was eine nachträgliche Platzierung unnötig macht.

6.3.2.1 Register KONSTRUKTION

INHALT

Im Register **Konstruktion** kann die Druckfeder definiert und auf vorhandene geometrische Referenzen der Baugruppe bezogen werden. Weiterhin sind die physikalischen Eigenschaften, wie Federanfang, -ende, -länge und -durchmesser auszuwählen.

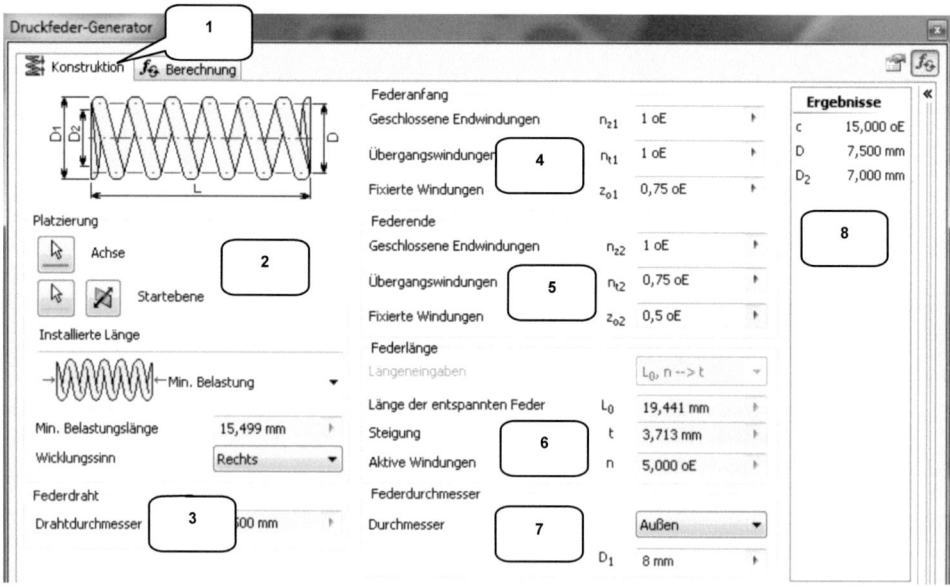

- Konstruktion einer Druckfeder -

OPTIONEN

1) Register: Konstruktion/ Berechnung
2) Platzierung (Achse, Ebene), Federbelastung
3) Federdrahtdurchmesser
4) Federanfang
5) Federende
6) Federlänge
7) Federdurchmesser
8) Berechnungsergebnisse

6.3.2.2 Register BERECHNUNG

INHALT

Im Register **Berechnung** werden Berechnungstyp, Berechnungsoptionen, Federmaterial und Federbelastung definiert.

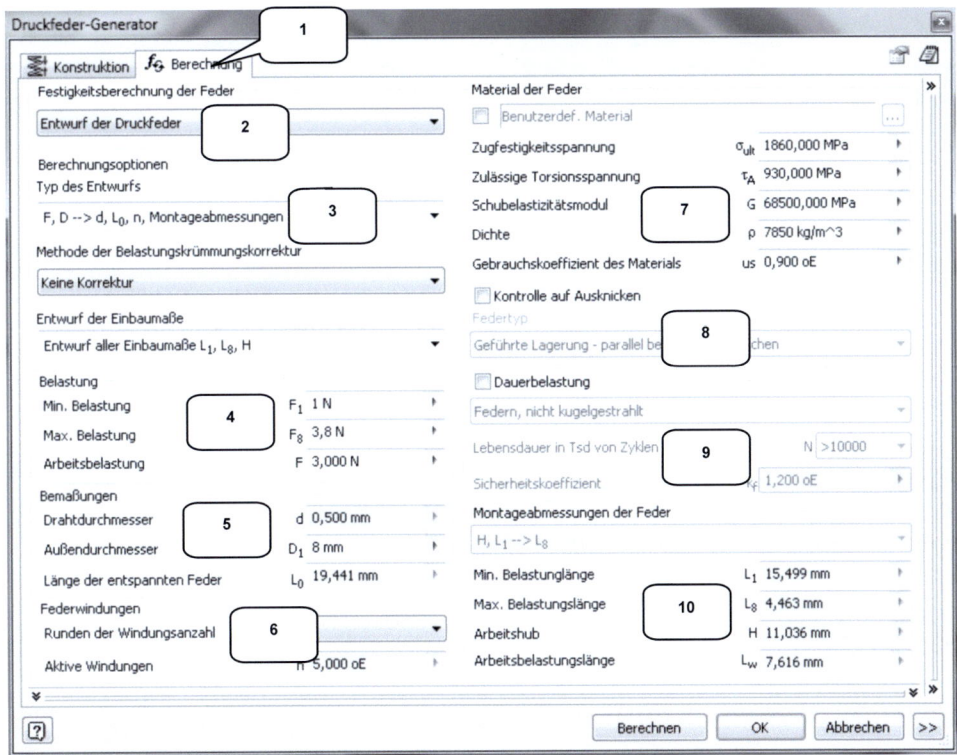

OPTIONEN

1) Register: Konstruktion/ Berechnung
2) Berechnungstyp
3) Berechnungsoptionen
4) Belastung
5) Bemaßungen

6) Windungen
7) Federmaterial
8) Kontrolle auf Ausknicken
9) Dauerbelastung
10) Montageabmessungen der Feder

6.3.3 Druckfeder zwischen Ventil und Zylinderkopf erzeugen

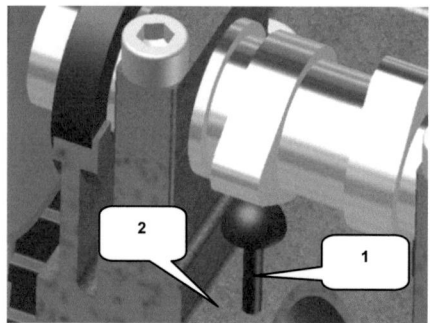

Im Register **Konstruktion** ist als Achse die Zylinderfläche des Ventils (1) und als **Startebene** die Oberfläche des Zylinderkopfes (2) zu wählen. Ebenfalls sind die Werte und Einstellungen der beiden Register **Konstruktion** (3) und **Berechnung** (4) aus den folgenden Abbildungen zu übernehmen.

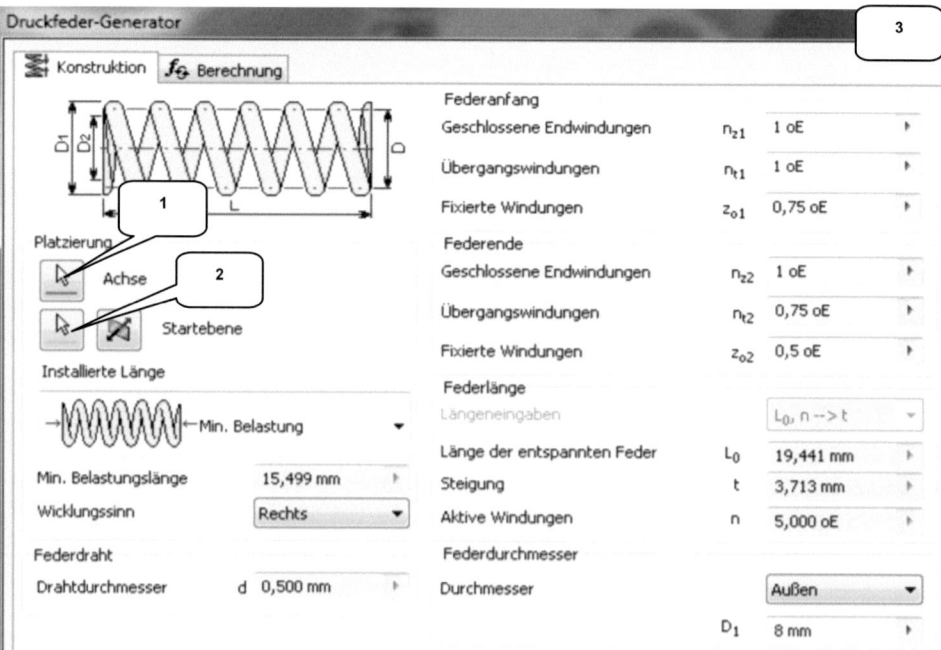

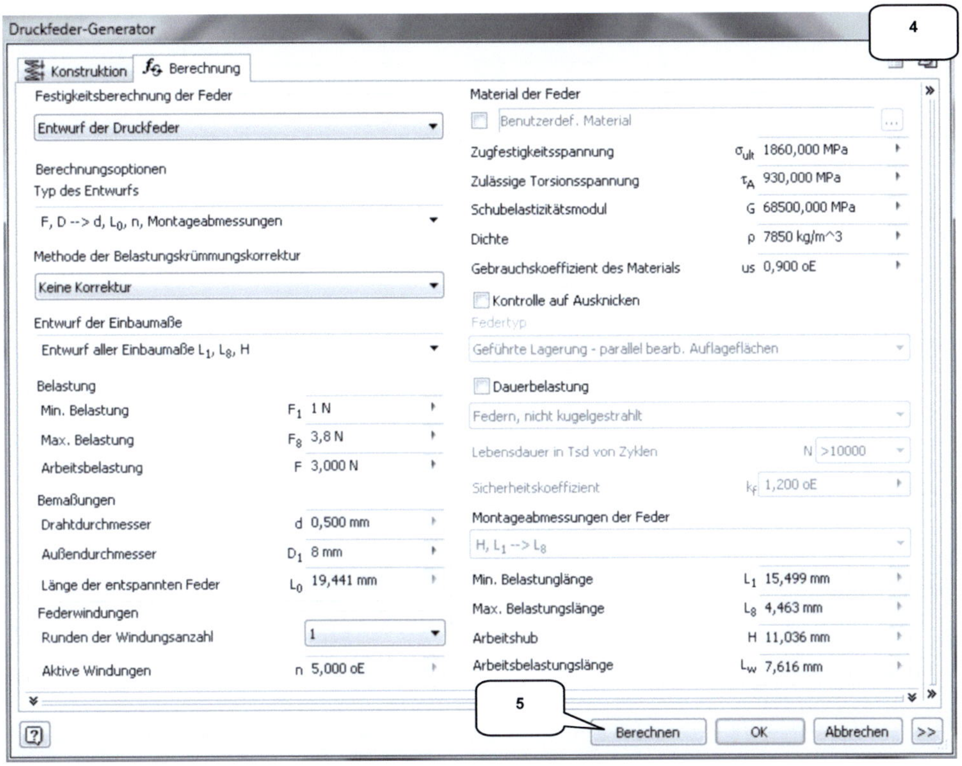

- Konstruktion einer Druckfeder -

HINWEIS: Der Wert für die *minimale Belastungslänge* errechnet sich automatisch anhand der anderen Eingaben.

Nachdem alle Werte übernommen wurden, kann die **Berechnung** (5) gestartet, der Befehl mit **OK** beendet und die Schnittansicht im Anschluss daran im Register **Ansicht** wieder beendet werden (**Schnitt beenden**).

Speichern Sie die gesamte Baugruppe abschließend und achten Sie darauf, im Befehlsfenster **Speichern** die Option **Ja für alle** zu aktivieren.

7 Getriebekonstruktion

7.1 Theoretische Grundlagen zum Getriebeaufbau

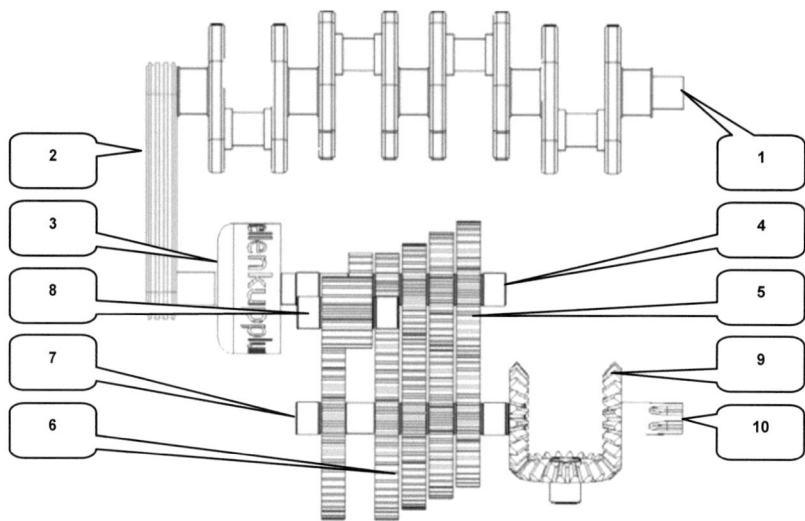

Der Kraftfluss beginnt in der Kurbelwelle (1), verläuft über eine Rollenkette (2) zur Kupplung (3), und wird von dort aus zur Antriebswelle (4) weitergeleitet.

In diesem Übungsbeispiel soll ein Ziehkeilgetriebe Anwendung finden, bei dem alle Zahnradpaare ständig im Eingriff sind. Die Zahnräder (5) der Antriebswelle sind fest mit dieser verbunden. Die Zahnräder (6) der Abtriebswelle können sich allerdings frei auf ihr drehen.

Um den Kraftfluss eines Zahnradpaares auf die Abtriebswelle (7) übertragen zu können, wird diese Welle mit einer konstruktiven Besonderheit versehen: Sie ist innen hohl und führt dort einen Keil. Er wird durch eine Rollenkette bewegt, welche axial durch die Welle verläuft. Je nach Position des Keils, werden Zahnrad und Abtriebswelle eines Ganges miteinander verbunden.

Beim Rückwärtsgang wird der Kraftfluss zusätzlich über die Rücklaufwelle (8) auf die Abtriebswelle übertragen, wobei sich die Drehrichtung ändert.

Von der Abtriebswelle verläuft der Kraftfluss weiter zum Kegelradgetriebe (9), und eine Keilwellenverbindung (10) bildet den formschlüssigen Übergang aus dem Getrieberaum heraus.

- Lagerung der Wellen -

7.2 Lagerung der Wellen
7.2.1 Lagerhalterungen importieren

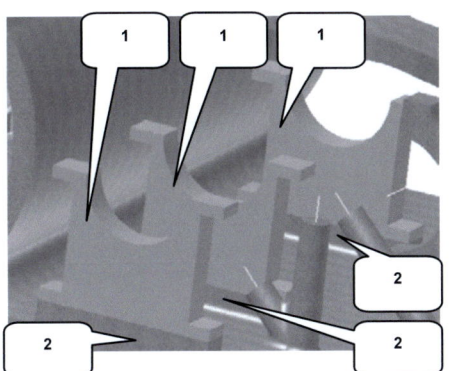

Zuerst muss das Bauteil **Antriebswelle-Zwischenhalter.ipt** drei Mal (1) in die Baugruppe eingefügt werden (Komponente platzieren). Um die drei neuen Komponenten anschließend zu positionieren wie in der nebenstehenden Abbildung dargestellt (passend auf den hierfür vorgesehenen Sockeln (2) des Gehäuses), ist der Befehl Abhängig machen zu verwenden.

7.2.2 Befehlsgrundlagen LAGER-GENERATOR

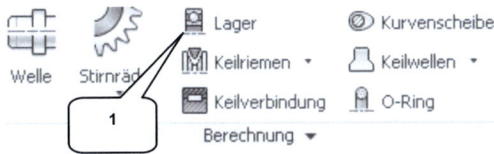

Mit dem Lager-Generator (1) können Wälzlager berechnet und in eine Baugruppe eingefügt werden. Die Positionierung kann manuell oder anhand vorhandener geometrischer Elemente durchgeführt werden.

7.2.2.1 Register KONSTRUKTION

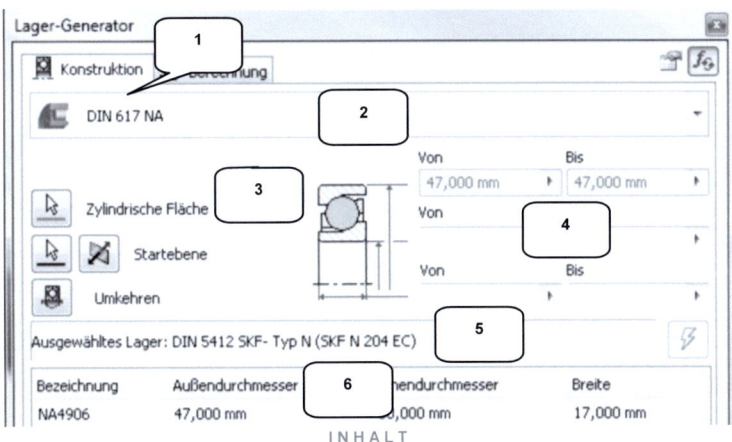

Im Register **Konstruktion** werden Typ, Größe und Position eines Lagers definiert.

- Lagerung der Wellen -

OPTIONEN

1) Register: Konstruktion/ Berechnung
2) Lagertyp
3) Platzierung
4) Abmessungen
5) Lager regenerieren
6) Verfügbare Lagergrößen

7.2.2.2 Register BERECHNUNG

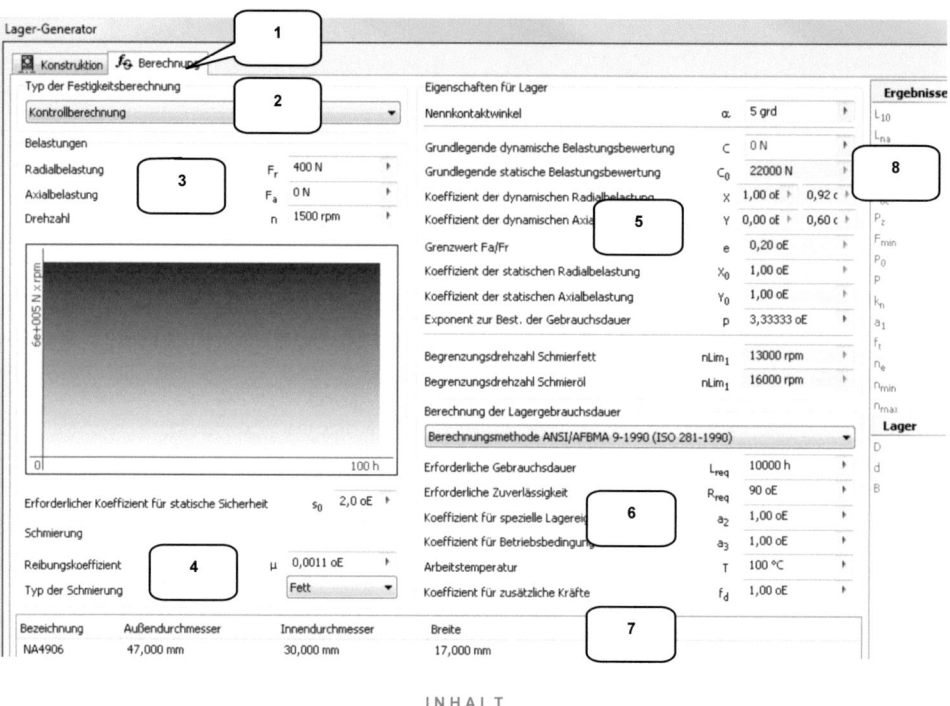

INHALT

Im Register **Berechnung** können Randbedingungen, wie Berechnungstyp, Belastung, Schmierung und Gebrauchsdauer definiert werden.

OPTIONEN

1) Register: Konstruktion/ Berechnung
2) Typ der Festigkeitsberechnung
3) Belastungen
4) Schmierung
5) Eigenschaften des Lagers
6) Gebrauchsdauer
7) Verfügbare Lagergrößen
8) Berechnungsergebnisse

- Lagerung der Wellen -

7.2.3 Erzeugen eines Zylinderollenlagers

Die zuletzt eingefügten drei Zwischenhalter der Antriebswelle enthalten jeweils eine runde Aussparung, in der die Zylinderrollenlager platziert werden können.

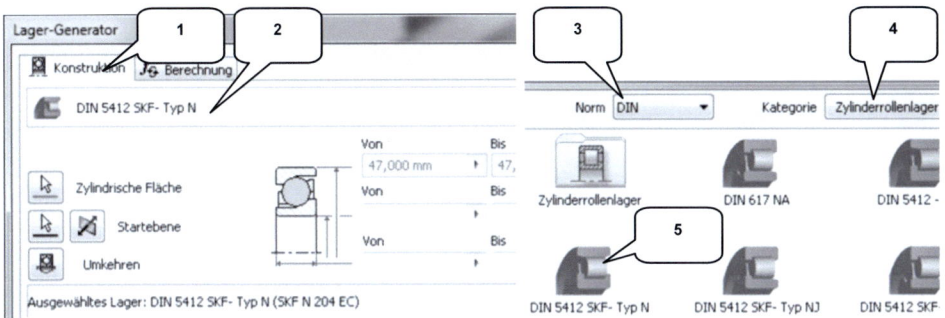

Klicken Sie im Register **Konstruktion** (1) auf den Auswahlbereich für den Lagertyp (2). Im neu geöffneten Befehlsfenster aktivieren Sie die Norm **DIN** (3), die Kategorie **Zylinderrollenlager** (4) und wählen den Typ **DIN 5412 SKF – TYP N** (5).

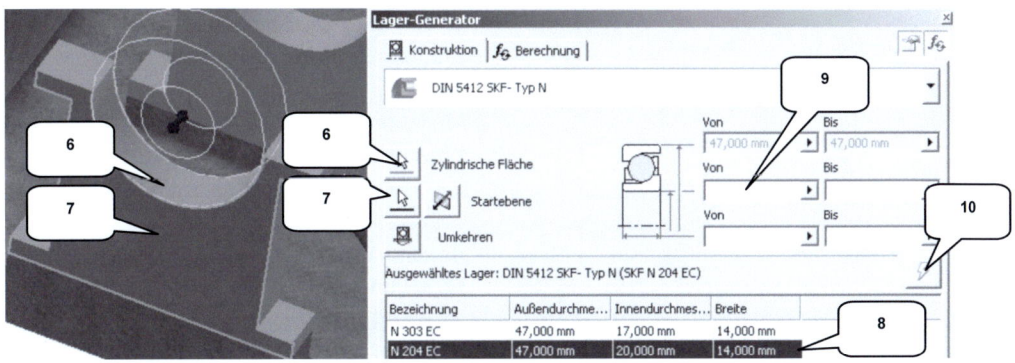

Zurück im Hauptbefehl muss als Referenz für die **zylindrische Fläche** (6) die markierte Zylinderfläche der Aussparung und als **Startebene** (7) die Stirnfläche des gleichen Führungselements gewählt werden. In der Tabelle (unterer Bereich des Befehlsfensters) ist das Lager der zweiten Zeile (8) (N 204 EC, $D_{Außen}$: 47 mm, D_{Innen}: 20 mm, Breite: 14 mm) zu aktivieren. Der Befehl kann im Anschluss daran mit **OK** bestätigt werden.

HINWEIS: Das Lager **N 204 EC** wird nur zur Auswahl stehen, wenn keine abweichenden Randbedingungen für die Durchmesser ($D_{Außen}$, D_{Innen}) definiert wurden (9). Sollten hier Werte stehen, sind diese zu löschen und zu **Aktualisieren** (10).

- Lagerung der Wellen -

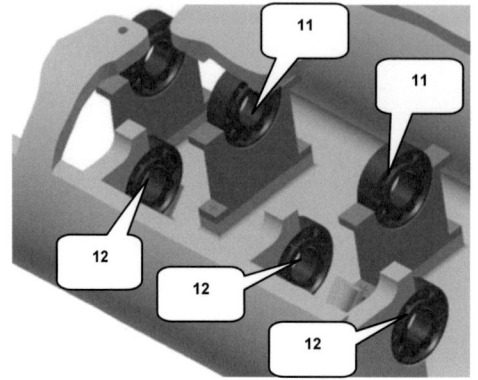

Nachdem das erste Lager generiert wurde, ist der 🔲 Lager-Generator fünf weitere Male mit denselben Einstellungen zu wiederholen. Verwenden Sie die Aussparungen der restlichen beiden Zwischenhalter (11) und die drei Aussparungen des Motorgehäuses (12). Achten Sie darauf, dass die Lager stets in die korrekte Richtung erzeugt und nicht außerhalb der Lagerungen angeordnet werden. In der nebenstehenden Abbildung ist das gewünschte Ergebnis zu sehen.

7.2.4 Browser strukturieren

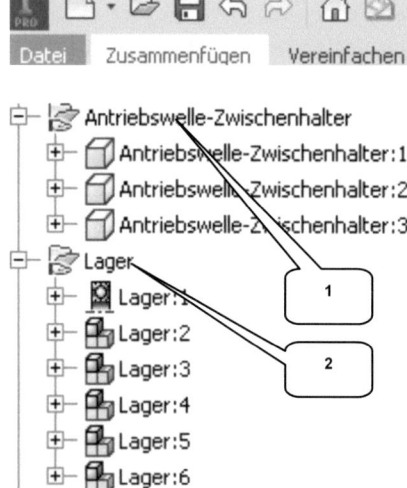

Zur besseren Strukturierung des Browsers sollten die zuletzt eingefügten/ konstruierten Komponenten zusammengefasst werden.

Markieren Sie im Browser die drei Zwischenhalter der Antriebswelle, klicken Sie mir der **rechten Maustaste** darauf und wählen Sie im Kontextmenü die Option **Zu neuem Ordner hinzufügen**. Als Ordner-Bezeichnung ist **Antriebswelle-Zwischenhalter** (1) zu verwenden.

Wiederholen Sie diesen Schritt bei den sechs Zylinderrollenlagern und verwenden Sie die Ordner-Bezeichnung **Lager** (2).

Markieren Sie die Lager anschließend und weisen Sie ihnen eine Farbüberschreibung, z. B.: **Blau-Wandfarbe-glänzend** zu (3).

7.2.5 Importieren der oberen Lagerhalterungen

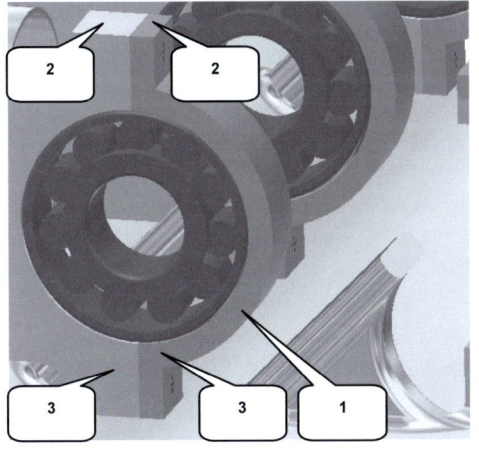

🔹 **Platzieren** Sie das Bauteil **Antriebs-Abtriebswelle-Halter.ipt** (1) aus dem Projektordner und legen Sie es einmal frei in der Baugruppe ab. Setzen Sie zwei fluchtende 🔹 **Abhängigkeiten** (2, 3), um das neue Bauteil mit dem Motorgehäuse an der nebenstehend dargestellten Position zu befestigen, und das Zylinderrollenlager damit zu fixieren.

Fügen Sie fünf weitere Halter in die Baugruppe ein, um auch die restlichen fünf Zylinderrollenlager zu fixieren.

7.2.6 Browser strukturieren

Markieren Sie im Browser die sechs zuletzt eingefügten Halter und erzeugen Sie daraus den Ordner **Antriebs-Abtriebswelle-Halter** (1).

7.3 Befestigung der Lagerhalterungen

Die Lagerhalterungen sollen durch Schraubenverbindungen am Motorgehäuse bzw. am Zwischenhalter der Antriebswelle befestigt werden. Das Programm bietet hier die Möglichkeit, Gewindebohrungen und Verbindungskomponenten aus dem Inhaltscenter (Schrauben, Scheiben, Muttern) in einem einzigen Schritt zu erzeugen.

7.3.1 Befehlsgrundlagen SCHRAUBENVERBINDUNGS-GENERATOR

Mit dem 🔹 **Schraubenverbindungs-Generator** (1) können Schraubenverbindungen, bestehend aus Schraube, Scheibe und Mutter, erzeugt sowie Festigkeits-, Belastungs- und Ermüdungsberechnungen durchgeführt werden. Nach Auswahl des Schraubentyps und der gewünschten Größe, werden die benötigten Bohrungen/ Gewindebohrungen automatisch berechnet und vom Programm selbstständig in die Bauteile eingefügt.

7.3.1.1 Register KONSTRUKTION

INHALT

Der Register **Konstruktion** dient zur Positionierung der Schraubenverbindung, zur Definition von Bohrungsart und Gewindetyp und zur Auswahl der Normteile.

OPTIONEN

1) Register: Konstruktion/ Berechnung/ Ermüdungsberechnung
2) Bohrungen durchgängig oder begrenzt erzeugen
3) Platzierungstyp (Linear, Konzentrisch, Auf Punkt, Nach Bohrung)
4) Gewindetyp
5) Einstellungen importieren/ exportieren, Berechnung, Dateibenennung
6) Komponenten einfügen
7) Vorschau in chronologischer Reihenfolge

7.3.1.2 Register BERECHNUNG

INHALT

Im Register **Berechnung** kann die Schraubenverbindung berechnet und damit überprüft werden. Hier können verschiedene Belastungen gewählt, Materialien geändert und diverse Berechnungsarten aktiviert werden.

- Befestigung der Lagerhalterungen -

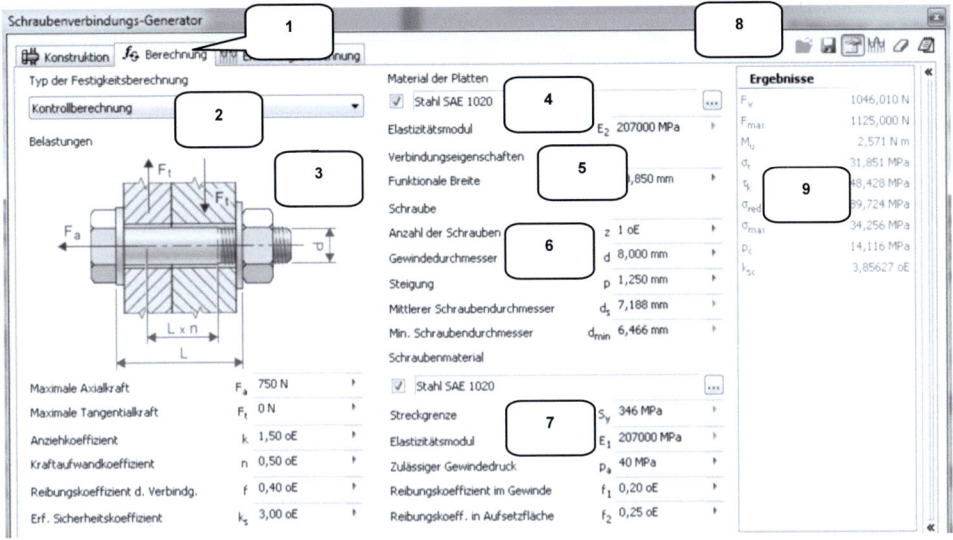

OPTIONEN

1) Register: Konstruktion/ Berechnung/ Ermüdungsberechnung
2) Typ der Festigkeitsberechnung
3) Belastungen
4) Plattenmaterial
5) Verbindungseigenschaften
6) Schraubeneigenschaften
7) Schraubenmaterial
8) Ermüdungsberechnung, Berechnung, Ergebnisdarstellung als *.html
9) Ergebnisdarstellung

HINWEIS: Um das Register **Berechnung** öffnen zu können, muss vorab im Register **Konstruktion** die gleichnamige Option f_G **Berechnung** aktiviert worden sein.

7.3.1.3 Register ERMÜDUNGSBERECHNUNG

INHALT

Mit dem Register **Ermüdungsprüfung** können Belastungsschwankungen unter Verwendung verschiedener Methoden berechnet werden.

- Befestigung der Lagerhalterungen -

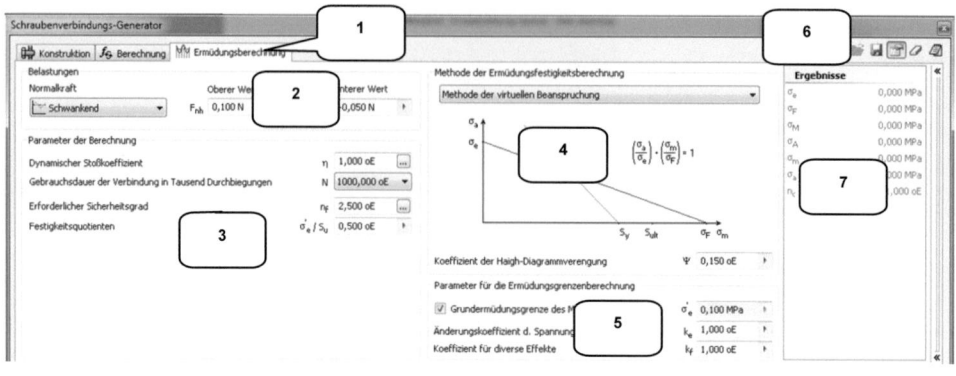

OPTIONEN

1) Register: Konstruktion/ Berechnung/ Ermüdungsberechnung
2) Belastungsart (schwankend, wiederkehrend, asymmetrisch, symmetrisch umgekehrt)
3) Berechnungsparameter
4) Ermüdungsfestigkeitsberechnung
5) Parameter für die Ermüdungsgrenzen
6) Berechnungsvorlagen exportieren, Dateibenennung aktivieren/ deaktivieren, Berechnungsdaten zurücksetzen oder Ergebnisse als *.html darstellen
7) Ergebnisdarstellung

HINWEIS: Um das Register **Ermüdungsberechnung** öffnen zu können, muss vorab im Register **Konstruktion** die gleichnamige Option ᛭ **Ermüdungsberechnung** aktiviert worden sein.

7.3.2 Lagerhalterungen der Antriebswelle miteinander verbinden

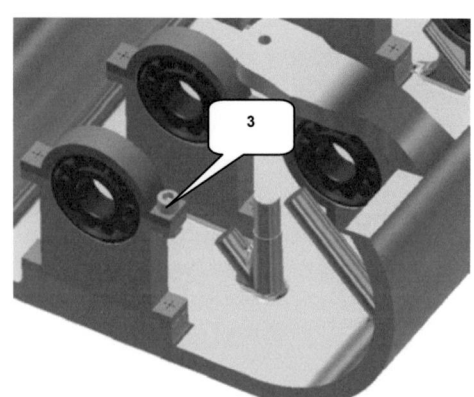

Die Bauteile **Antriebswelle-Zwischenhalter.ipt** und **Antriebs-Abtriebswelle-Halter.ipt** sind jetzt durch Schrauben und Muttern miteinander zu verbinden.

Wählen Sie den Verbindungstyp ᛭ **Durch alle** (1) und für die Platzierung die Option ᛭ Linear **Linear** (2).

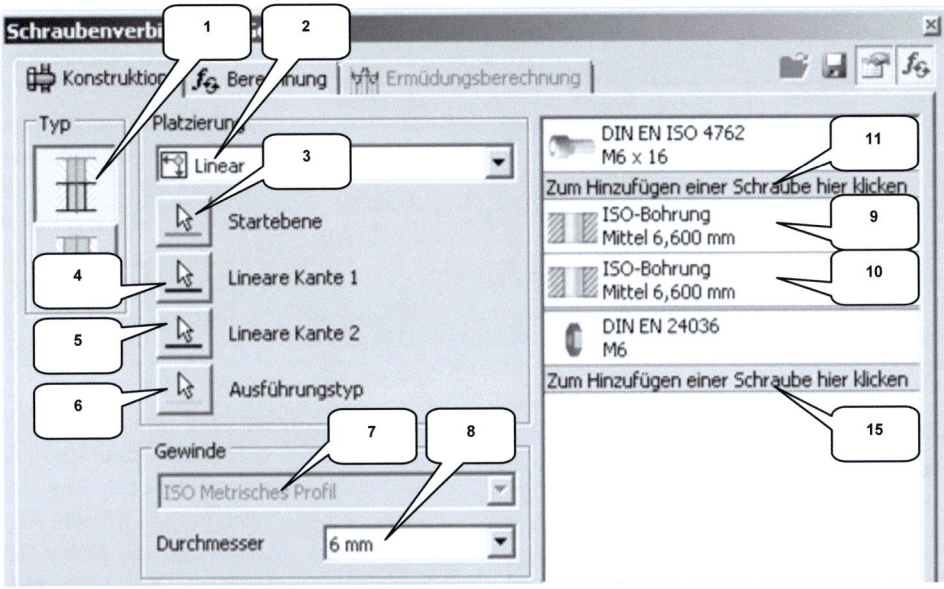

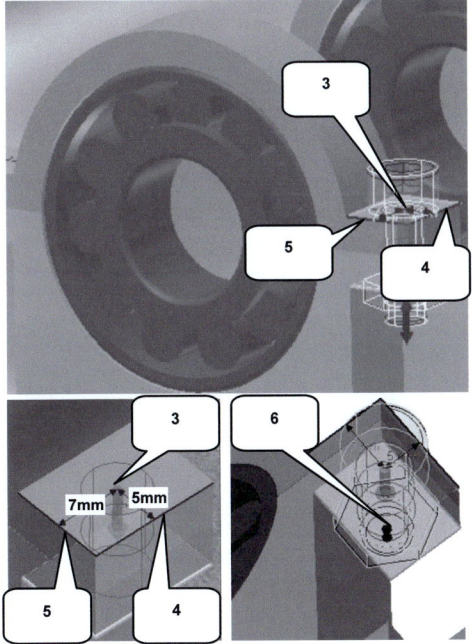

Als **Startebene** (3) (Auflagefläche des Schraubenkopfes) dient die markierte Fläche des oberen Halters, als Referenzen für die **linearen Kanten** (4, 5), sind die beiden markierten Kanten zu verwenden (Abstände: **5 mm, 7 mm**). Als **Ausführungstyp** (6) ist die untere Fläche des unteren Halters zu wählen (Auflagefläche der Mutter).

Im Auswahlfeld **Gewinde** (7) ist ein **ISO Metrisches Profil** mit einem Durchmesser **6 mm** (8) auszuwählen.

Im rechten Bereich des Befehlsfensters werden die beiden Bohrungen bereits angezeigt: Eine Bohrung für den oberen (9) und eine Bohrung für den unteren Halter (10).

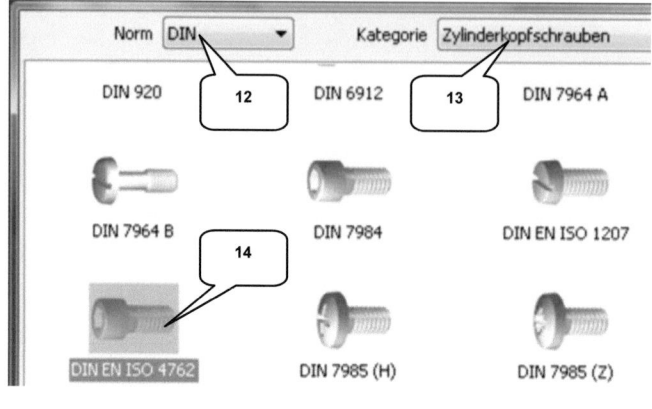

Klicken Sie auf die Schaltfläche *Zum Hinzufügen einer Schraube hier klicken* (11), um im neu geöffneten Befehlsfenster die Norm *DIN* (12), die Kategorie *Zylinderkopfschrauben* (13) und den Typ *DIN EN ISO 4762* (14) auszuwählen.

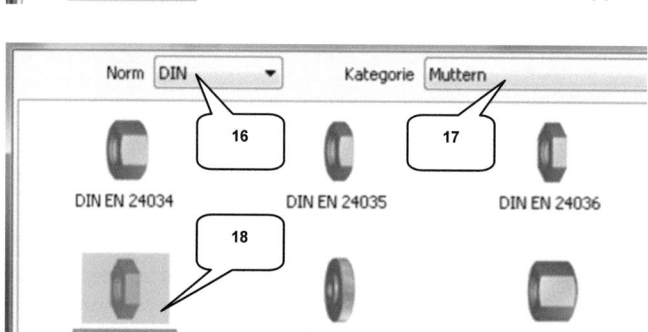

Zurück im Hauptbefehl ist jetzt die untere Schaltfläche *Zum Hinzufügen einer Schraube hier klicken* (15) zu wählen. Aktivieren Sie die Norm *DIN* (16), die Kategorie *Muttern* (17) und wählen Sie den Typ *DIN EN 24036* (18).

Der Schraubenverbindungs-Generator bietet die Möglichkeit, Vorlagen für Schraubenverbindungen zu exportieren, um bereits definierte Kombinationen aus z. B. Schraube, Mutter und Bohrung auch später verfügbar zu machen. Die Vorlage wird dann als XML-Datei gespeichert und kann jederzeit wieder verwendet werden.

Zurück im Hauptbefehl ist die Option 🖹 *Vorlage exportieren* (19) zu starten. Im neu geöffneten Eingabefenster wählen Sie den Speicherort Ihres Projekts, tragen als Dateinamen die Bezeichnung *Schraubverbindung-M6* ein, verwenden den Dateityp *Vorlagen (*.xml)* und `Speichern` *Speichern* danach. Der Schraubenverbindungs-Generator kann jetzt mit `OK` *OK* bestätigt werden, und das Programm generiert die Schraubenverbindung. Mithilfe der neuen Vorlage, können jetzt weitere Schraubenverbindungen komfortabel erzeugt werden.

- Befestigung der Lagerhalterungen -

Starten Sie erneut den **Schraubenverbindungs-Generator**, klicken Sie auf **Vorlage importieren** (20) und wählen Sie die Vorlage **Schraubverbindung-M6.xml**.

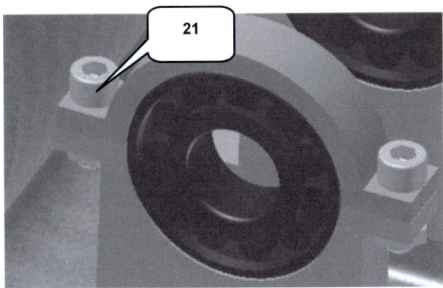

Schraube, Mutter und Bohrung werden jetzt aus dieser Vorlage importiert und müssen nur noch positioniert werden. Verwenden Sie in den Bereichen **Typ** und **Platzierung** dieselben Einstellungen wie in der vorhergehenden Schraubenverbindung und platzieren Sie sie auf markierter Position (21).

HINWEIS: Alle Bauteile **Antriebswelle-Zwischenhalter.ipt** und **Antriebs-Abtriebswelle-Halter.ipt** wurden durch den letzten Befehl automatisch mit Bohrungen versehen (identische Quelldatei). Die Vorlage **Schraubverbindung-M6.xml** kann trotzdem verwendet werden, nur der Platzierungstyp ist auf **Nach Bohrung** (23) zu ändern. Als **Vorhandene Bohrung** ist die bereits erstellte Bohrung zu wählen. Die Auswahl der Referenzkanten entfällt damit.

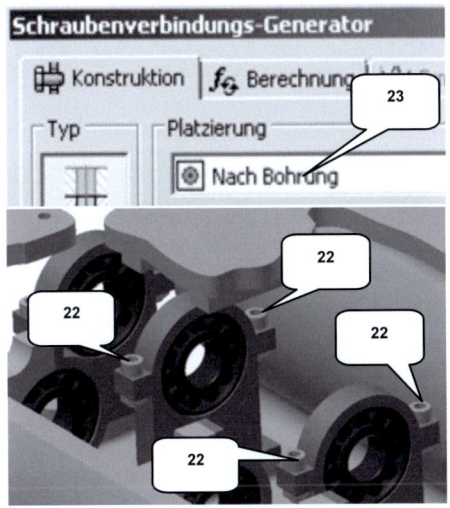

Starten Sie den **Schraubenverbindungs-Generator**, öffnen Sie die Vorlage **Schraubverbindung-M6.xml** (20) und erzeugen Sie vier weitere Schraubenverbindungen, wie in der nebenstehenden Abbildung dargestellt (22).

Aktivieren Sie den Platzierungstyp **Nach Bohrung** (23) und wählen Sie als **Referenz** für die vorhandene **Bohrung** die bereits in den Bauteilen vorhandenen Bohrungslöcher. Beenden Sie den Generator abschließend und **speichern** Sie die Baugruppe.

7.3.3 Lagerhalterungen der Wellen am Motorgehäuse befestigen

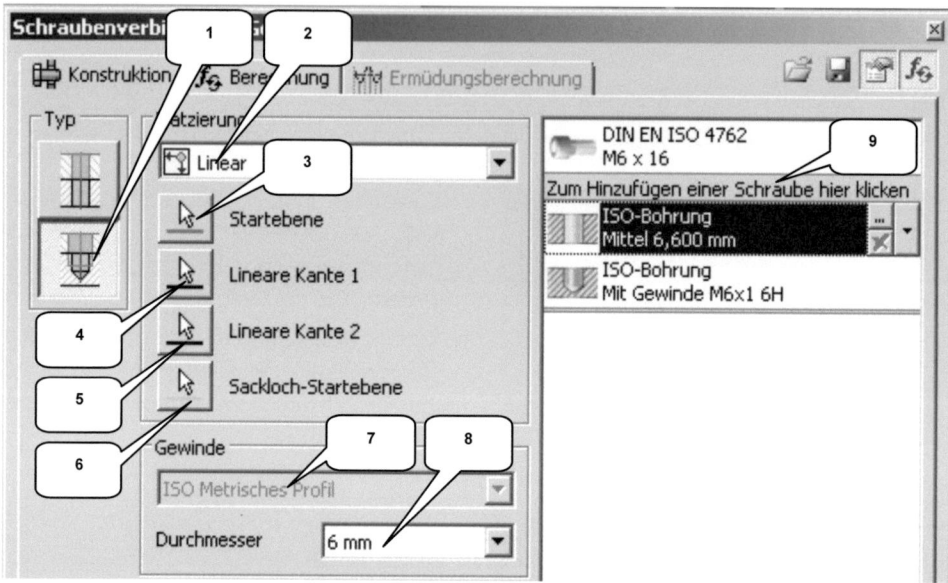

Starten Sie den **Schraubenverbindungs-Generator** erneut, um zwischen den drei Zwischenhaltern und dem Motorgehäuse weitere Schraubenverbindungen zu erzeugen. Wählen Sie die Option **Nicht durchgehend** (1), den Platzierungstyp **Linear** (2), die **Startebene** (3), die beiden **linearen Kanten** (4, 5) mit den Abständen **5 mm** und **7 mm** und die **Sackloch-Startebene** (6). Als Gewindetyp ist das **ISO Metrische Profil** (7) mit einem Nenndurchmesser von **6 mm** (8) zu verwenden. Klicken Sie danach auf die Schaltfläche **Zum Hinzufügen einer Schraube hier klicken** (9).

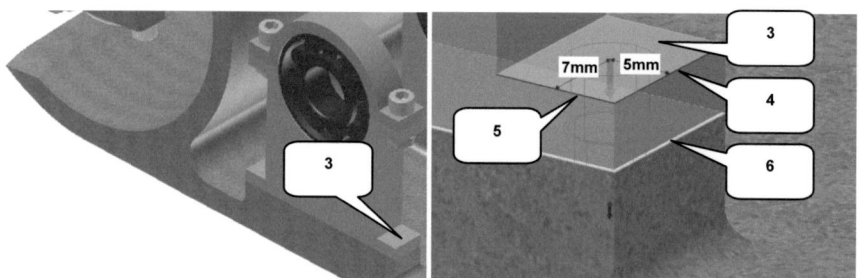

HINWEIS: Als **Sackloch-Startebene** (6) ist die markierte Fläche am Motorgehäuse zu wählen, auf der der Zwischenhalter montiert wurde.

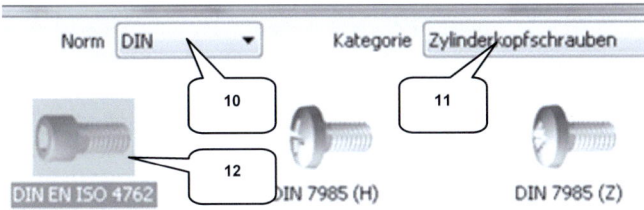

Im Auswahlfenster wählen Sie die Norm **DIN** (10), die Kategorie **Zylinderkopf-schrauben** (11) und den Typ **DIN EN ISO 4762** (12).

Bestätigen Sie den Befehl durch [Anwenden] **Anwenden** und wiederholen Sie den Befehl, bis alle 12 in den folgenden beiden Abbildungen markierten Schraubenverbindungen erzeugt wurden.

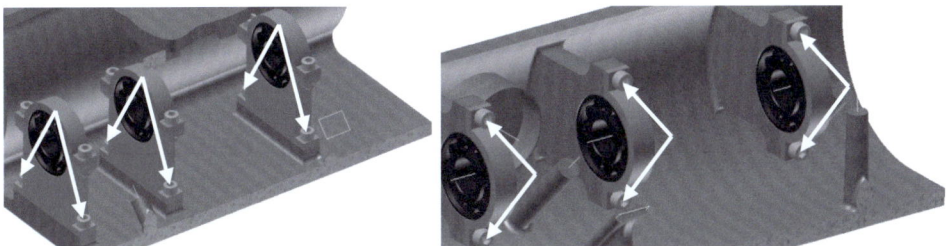

Markieren Sie danach alle Schraubenverbindungen im Browser, und erzeugen Sie damit einen neuen Ordner **Schraubenverbindungen**. Die Baugruppe sollte jetzt erst einmal **gespeichert** werden. Achten Sie dabei auf die Erstspeicherung der neuen Komponenten (Ja für alle).

7.4 Konstruktion der Getriebewellen
7.4.1 Platzieren der Lamellenkupplung

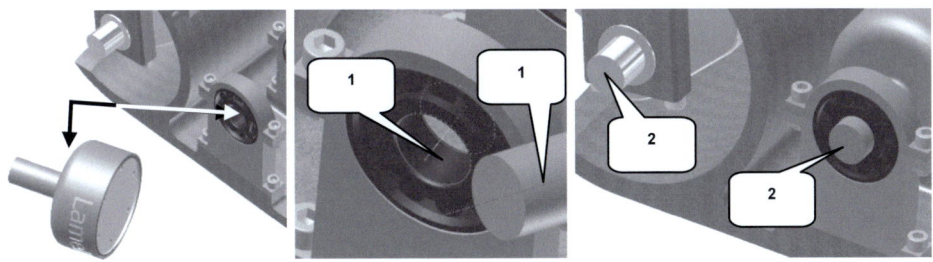

Importieren Sie das Bauteil **Kupplung.ipt** aus dem Projektordner und positionieren Sie es wie in den oberen Abbildungen dargestellt. Setzen Sie eine axiale Abhängigkeit zwischen den Längsachsen des markierten Lagers und der Kupplung (1), und eine fluchtende Abhängigkeit zwischen den Stirnflächen von Kupplung und Kurbelwelle (2).

- Konstruktion der Getriebewellen -

7.4.2 Befehlsgrundlagen WELLEN-GENERATOR

Mit dem **Wellen-Generator** (1) können Wellen berechnet und konstruiert werden. Sie können als Vollmaterialwellen oder als Hohlwellen konstruiert, mit Bohrungen, Kerben oder Aussparungen für z. B. Passfedern versehen werden.

7.4.2.1 Register KONSTRUKTION

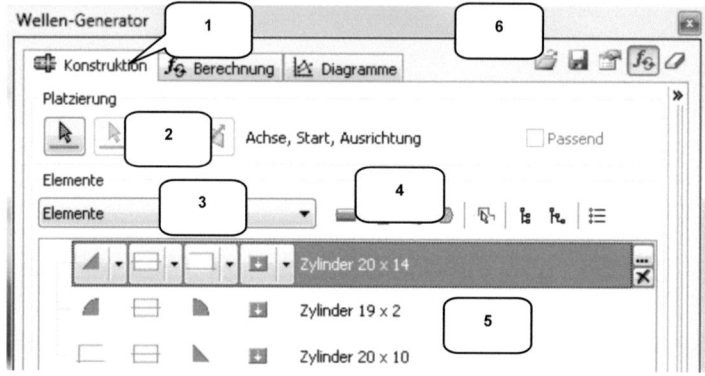

INHALT

Das Register **Konstruktion** ermöglicht die Platzierung anhand vorhandener geometrischer Elemente anderer Komponenten der Baugruppe, und die Dimensionierung der einzelnen Wellenabschnitte. Sie kann mit Fasen, Rundungen, Rillen, Gewinden, Nuten, Bohrungen oder Kerben bestückt werden, wobei die einzelnen Wellenabschnitte zylindrisch, geschnitten, kegelig, polygonal oder nach eigenen Skizzenkonturen modelliert werden können. Die Daten einer Welle können importiert und auch exportiert werden.

OPTIONEN

1) Register: Konstruktion/ Berechnung/ Diagramme
2) Platzierung
3) Neue Wellenabschnitte erzeugen/ vorhandene bearbeiten
4) Wellentyp
5) Wellenabschnitte auflisten
6) Berechnungen, Dateibenennung, Zurücksetzen der Berechnungswerte

7.4.2.2 Register BERECHNUNG

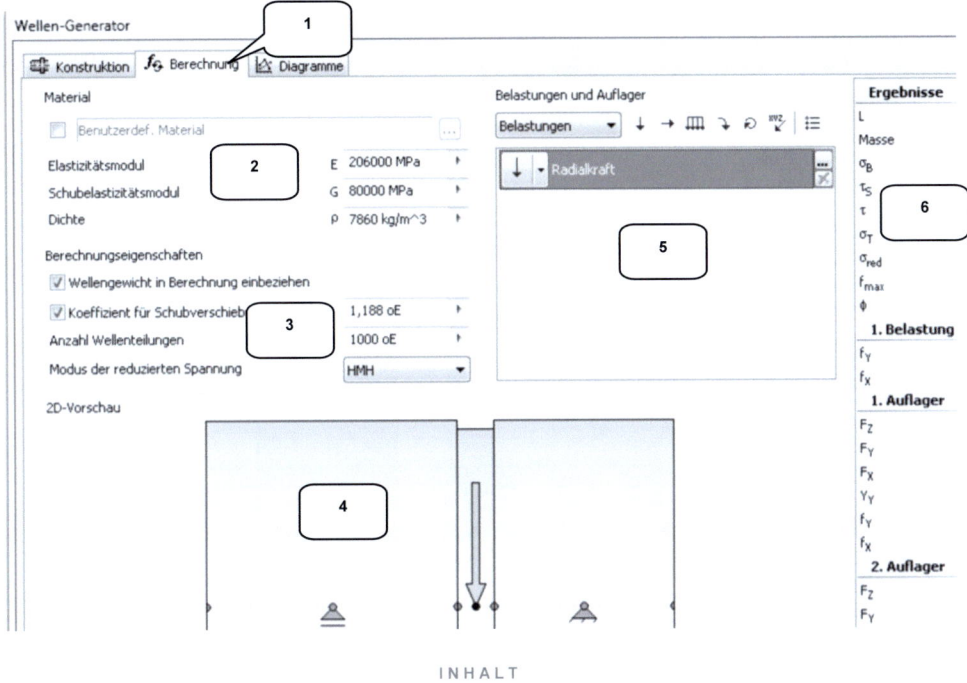

INHALT

Im Register **Berechnung** werden der Welle alle physikalischen Materialeigenschaften zugewiesen, Berechnungseigenschaften hinterlegt, Auflager (Fest- und Loslager) definiert und Belastungsarten festgelegt. Diese können in Form von radialen oder axialen Kräften, als Streckenlasten bzw. Biege- und Drehmomenten beaufschlagt werden.

OPTIONEN

1) Register: Konstruktion/ Berechnung/ Diagramme
2) Material
3) Berechnungseigenschaften
4) Belastungsanalyse (2D-Vorschau)
5) Belastungen und Auflager
6) Berechnungsergebnisse

7.4.2.3 Register DIAGRAMME

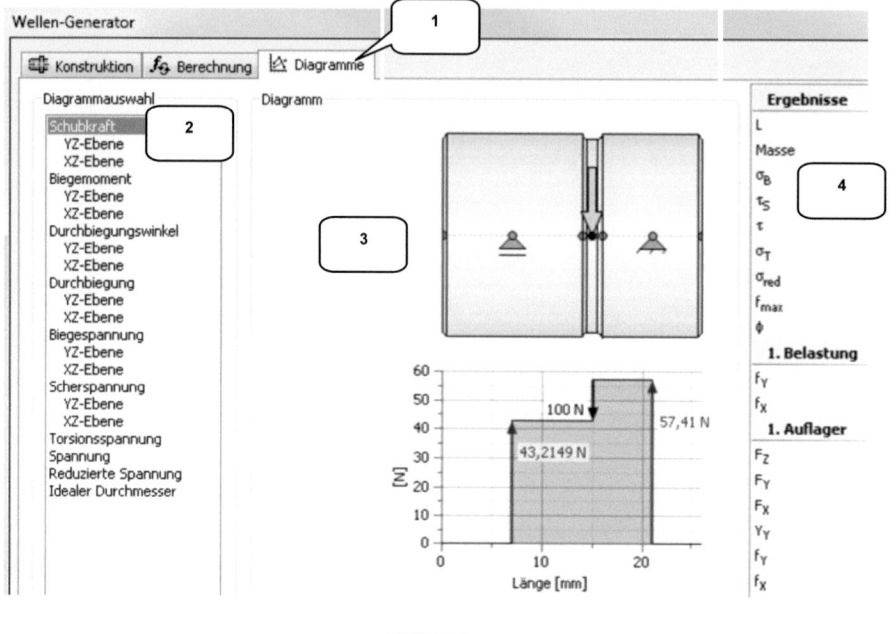

INHALT

Das Register **Diagramme** bietet, zusätzlich zur grafischen Vorschau der Wellenbelastung, ein Diagramm mit der grafischen Darstellung der Berechnungsergebnisse (Schubkraft, Biegemoment, Durchbiegungswinkel, Durchbiegung, Biegespannung, Scherspannung, Torsionsspannung, reduzierte Spannung und idealer Durchmesser). Die einzelnen Berechnungsergebnisse werden als Diagramme im mittleren Bereich des Befehlsfensters angezeigt, sobald Sie im Bereich der Diagrammauswahl aktiviert wurden. In tabellarischer Form werden sie im Bereich der Ergebnisse aufgelistet.

OPTIONEN

1) Register: Konstruktion/ Berechnung/ Diagramme
2) Diagrammauswahl
3) Wellenbelastung, Diagramm
4) Berechnungsergebnisse

7.4.3 Konstruktion der Antriebswelle

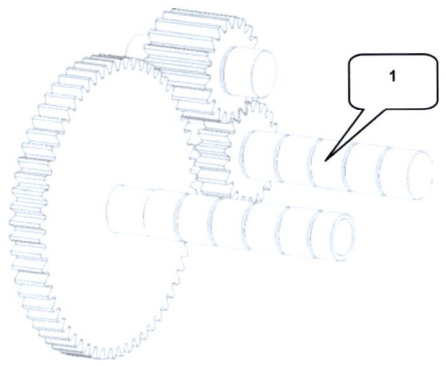

Im ersten Schritt ist die **Antriebswelle** (1) zu konstruieren, die fünf Zahnräder tragen wird: vier für die Vorwärtsgänge und einen für den Rückwärtsgang.

Die Antriebswelle ist formschlüssig mit der Kupplung verbunden und überträgt den Kraftfluss entweder über die Zahnräder direkt auf die Abtriebswelle (Vorwärtsgänge), oder über die Rücklaufwelle zur Abtriebswelle (Rückwärtsgang).

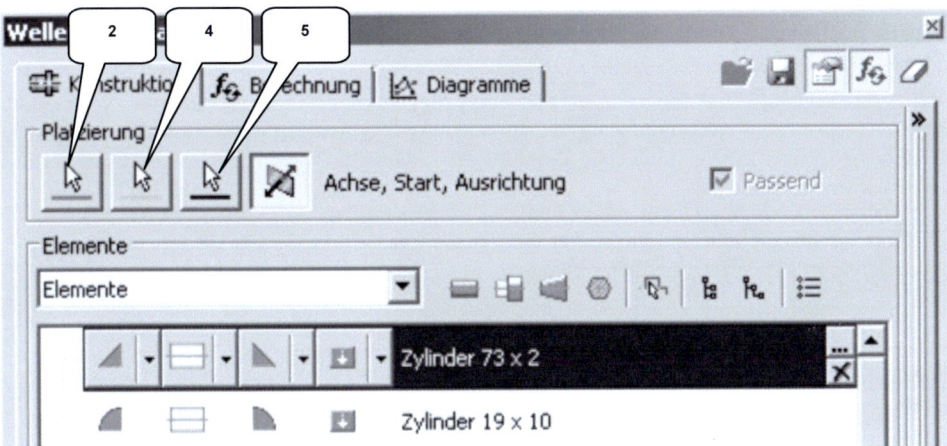

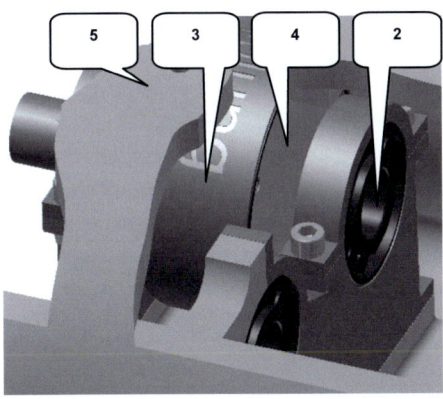

Sofern noch nicht geschehen, ist der Wellen-Generator zu starten. Die noch unbearbeitete Welle hängt noch frei am Mauszeiger und soll zuerst positioniert werden. Wählen Sie als *zylindrische Fläche* die innere Zylinderfläche (2) des sich neben der Kupplung (3) befindlichen Lagers. Als *planare Startfläche* ist die markierte Fläche der Kupplung (4) zu verwenden, und als *Referenzfläche* ist die markierte Oberfläche des Motorgehäuses (5) zu wählen.

- Konstruktion der Getriebewellen -

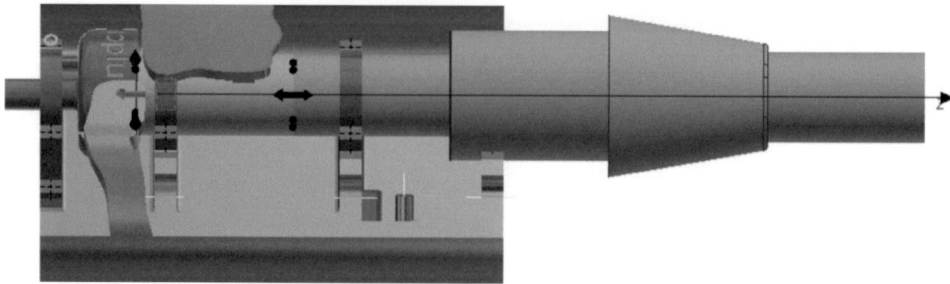

Die Welle sollte jetzt bereits (etwas groß geraten) angezeigt werden. Sie muss von der Kupplung weg in den Getrieberaum zeigen (siehe oben). Sollte dies bei Ihnen nicht der Fall sein (die Welle verläuft durch die Kupplung hindurch nach außen), ist die Richtung mit der Option ✘ *Seite umkehren* (6) zu korrigieren.

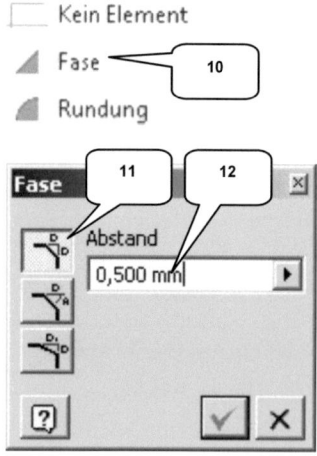

Die Antriebswelle besteht aus mehreren Segmenten mit unterschiedlichen Längen und Durchmessern. Um sie zu konstruieren, muss der Bereich **Elemente** (7) aktiviert werden. Löschen Sie jetzt alle vorhandenen Abschnitte bis auf den ersten, indem Sie auf die entsprechende Zeile klicken, um danach die Option ✘ **Löschen** (8) zu wählen (Das ❔ **Hinweisfenster** kann mit ▭ **Ja** bestätigt werden). Sobald nur noch eine Zeile vorhanden ist, ist mit der Bearbeitung zu beginnen. Klicken Sie hierfür auf das kleine markierte Dreieck (9) auf der linken Seite der Zeile und wählen Sie die Option ◢ **Fase** (10). Aktivieren Sie die Option **Abstand** (11) und tragen Sie den Wert **0,5 mm** (12) ein.

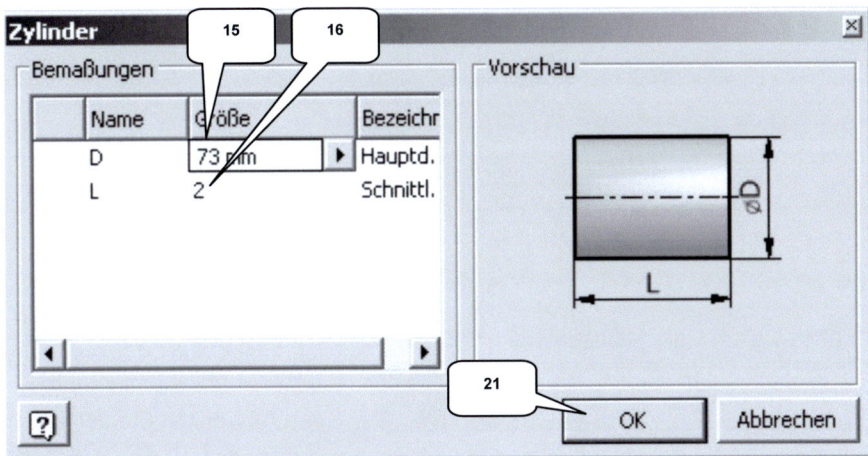

Erzeugen Sie auch auf der rechten Seite des Wellenabschnitts eine *Fase* (13) mit denselben Einstellungen. Jetzt können Durchmesser und Länge des Abschnitts definiert werden. Öffnen Sie dessen *Eigenschaften* (14) und tragen Sie den Durchmesser *D= 73 mm* (15) und die die Länge *L= 2 mm* (16) ein. *OK* (17) bestätigt die Eingaben.

Zurück im Hauptbefehl ist dann die Option *Zylinder einfügen* (18) zu wählen, um einen weiteren Wellenabschnitt zu generieren. Die zweite Fase des ersten Wellenabschnitts (19) sollte jetzt rot dargestellt werden (19), da das Programm die Fase aufgrund des identischen Durchmessers beider Abschnitte nicht erzeugen kann. Ignorieren Sie dieses Problem vorerst.

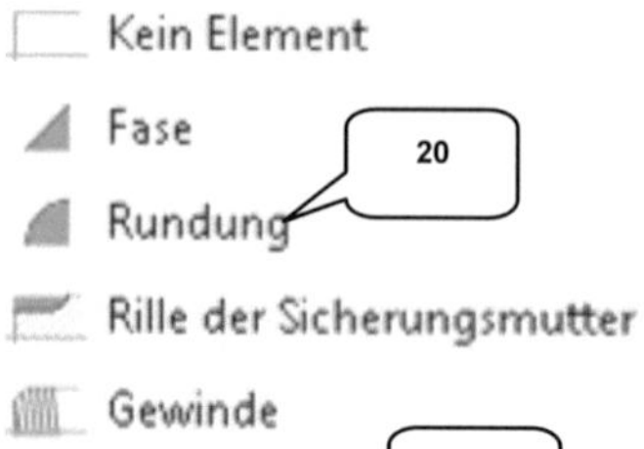

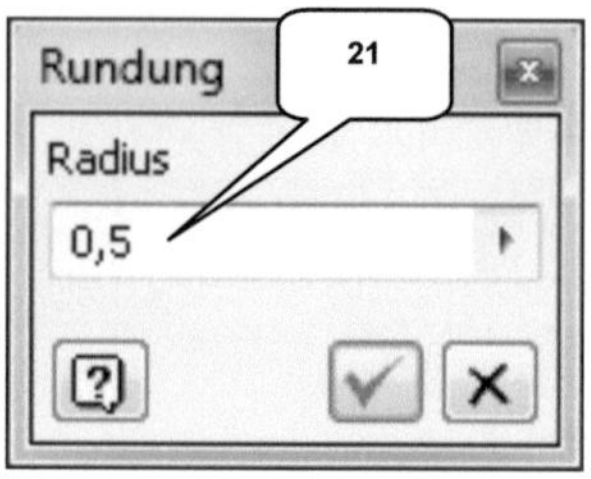

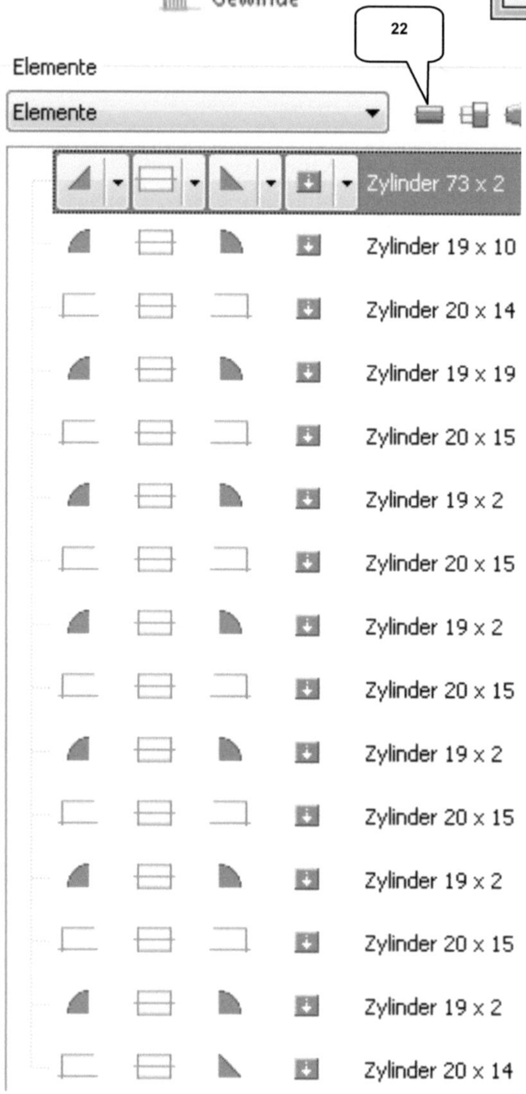

Ändern Sie in der zweiten Zeile den Durchmesser auf **D= 19 mm**, die Länge auf **L= 10 mm** und bearbeiten Sie die Wellenenden dieses Abschnitts. Sie sollen eine **Rundung** (20) mit einem Radius von **0,5 mm** (21) erhalten.

Erzeugen Sie weitere **13 Wellenabschnitte** (22), bis insgesamt 15 Zeilen im Fenster **Elemente** vorhanden sind. Die jeweiligen Durchmesser und Längen sind der nebenstehenden Abbildung zu entnehmen. Einige Abschnitte sind mit **Rundungen** zu versehen, wobei ein jeweiliger Radius von **0,5 mm** zu verwenden ist. Der letzte Abschnitt erhält an dessen Ende eine **Fase** (Option **Abstand**, Wert **0,5 mm**). Nachdem alle Einstellungen übernommen wurden, kann der Befehl mit **OK** bestätigt und beendet werden.

7.4.4 Befestigungsflansch der Antriebswelle mit Bohrungen versehen

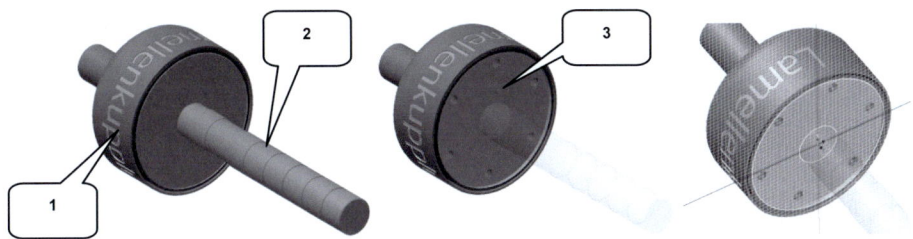

Um die Antriebswelle mit der Lamellenkupplung verbinden zu können, müssen im Befestigungsflansch der Welle (erster Wellenabschnitt, 73 x 2 mm) Bohrungen erzeugt werden. Markieren Sie Kupplung (1) und Antriebswelle (2) und isolieren Sie die beiden Bauteile (**rechte Maustaste** > **Isolieren**). Um die Sicht auf die Gewindebohrungen der Kupplung freizugeben, soll der Antriebswelle temporär das Material **Glas** zugewiesen werden. Doppelklicken Sie auf die Antriebswelle (2) um in ihren Baugruppenbereich zu gelangen. Doppelklicken Sie erneut darauf um in ihren Modellbereich zu gelangen.

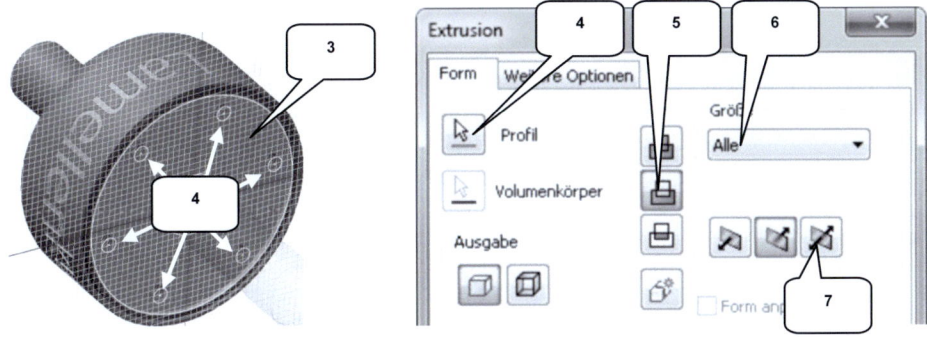

Im Bauteil **Welle.ipt** angelangt, ist auf der markierten Fläche (3) eine neue **2D-Skizze** zu erzeugen. **Projizieren** Sie die sechs Bohrungen der Kupplung (4) in den Skizzenbereich und beenden Sie die Skizze danach.

Zurück im Modellbereich ist der Befehl **Extrusion** zu starten und die sechs projizierten Kreise (4) sind zu extrudieren. Verwenden Sie das Verfahren **Differenz** (5), die Größe **Alle** (6) und die Richtung **Symmetrisch** (7). Bauteil- und Baugruppenbereich der Welle können anschließend verlassen werden (2x auf **Zurück** klicken), um der Baugruppe im Baugruppenbereich die Farbe **Chrom-poliert-blau** zuzuweisen.

7.4.5 Schrauben aus dem Inhaltscenter importieren

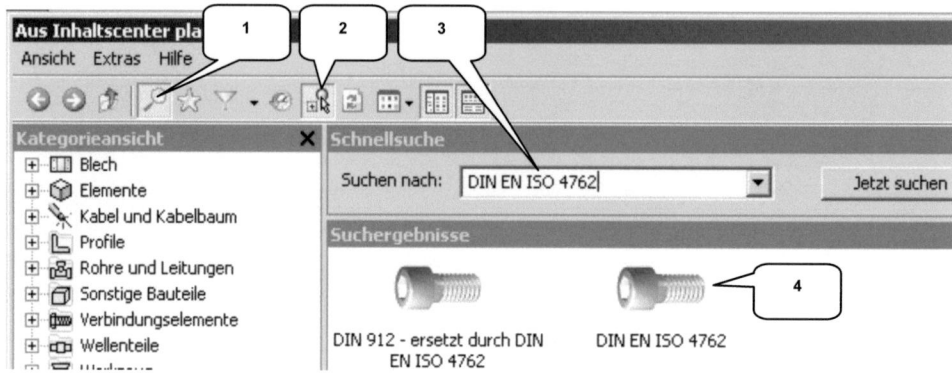

In der folgenden Übung sollen Schrauben aus dem Inhaltscenter in die Baugruppe eingefügt werden. Starten Sie den Befehl **Aus Inhaltscenter platzieren** (Register *Zusammenfügen*). Aktivieren Sie die Optionen *Suche* (1) und *AutoDrop* (2). Tragen Sie den Suchbegriff *DIN EN ISO 4762* (3) ein und doppelklicken Sie die markierte Schraube (4).

Als konzentrische *Referenz* zur *Dimensionierung* der Schraube muss jetzt eine der *Gewindebohrungen* der Kupplung (5) ausgewählt werden. Als *Startfläche* ist die Seitenfläche der Kupplung (6) zu wählen. Aktivieren Sie die Option *Mehrere einfügen* (7) und doppelklicken Sie den *Doppelpfeil* (8) am Ende der bereits schematisch dargestellten Schraube. Im folgenden Auswahlfenster ist die Schraubenlänge *10 mm* (9) zu wählen.

Bestätigen (10) Sie den Befehl anschließend, um ihn zu beenden und die Schrauben zu generieren.

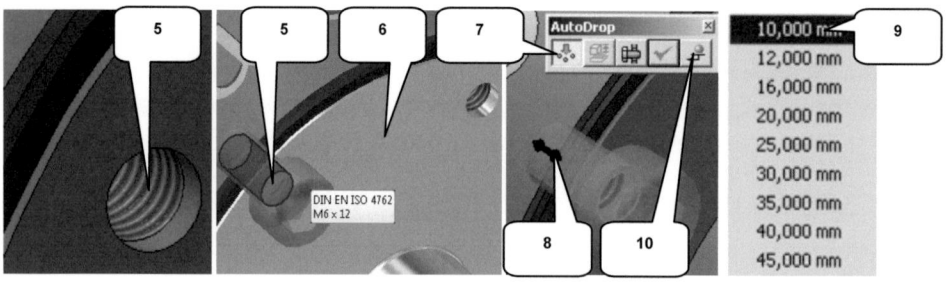

7.4.6 Abschließende Arbeiten an der Antriebswelle

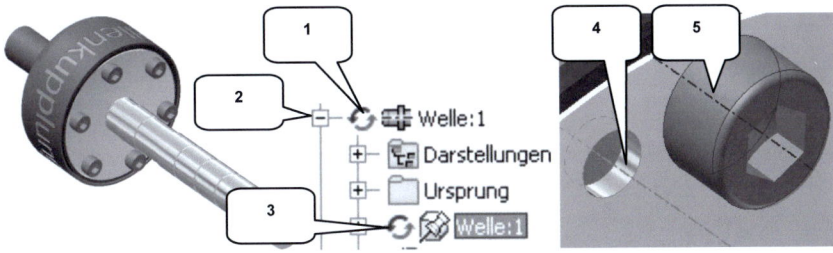

Durch die zuletzt in die Antriebswelle eingefügten Bohrungen, wird die Welle im Browser als *adaptiv* (1) gekennzeichnet. Um später einen reibungslosen Bewegungsablauf des gesamten Getriebes gewährleisten zu können, muss diese Adaptivität allerdings wieder deaktiviert und beide Komponenten (Kupplung, Antriebswelle) mit einer neuen Abhängigkeit aneinander gebunden werden. Klappen Sie im Browser die Baugruppe **Welle.iam** (2) auf und deaktivieren Sie beim Bauteil **Welle.ipt** (3) die *Adaptivität* (*rechte Maustaste > Adaptiv*). Die Kupplung muss jetzt bei gedrückter linker Maustaste etwas gedreht werden, bis Schrauben und Bohrungen der Welle nicht mehr auf derselben Position sitzen (4). Beide Bauteile sollen mit einer axialen *Abhängigkeit* verbunden werden. Hierfür sind die Achse der Bohrung (4) und die Achse der Schraube (5) miteinander zu verbinden.

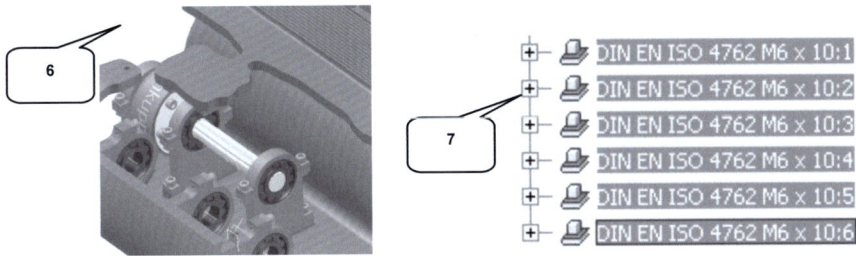

Klicken Sie danach mit der **rechten Maustaste** auf einen beliebigen Punkt im Hintergrund des Zeichenbereiches (6) und wählen Sie Option *Isolieren rückgängig*, um alle anderen Komponenten wieder einzublenden. Markieren Sie anschließend die neuen Schrauben im Browser (7) und wählen Sie im Kontextmenü der rechten Maustaste die Option **Ordner** mit der Bezeichnung **Schrauben**.

HINWEIS: Sollte die Option *Isolieren rückgängig* nicht verfügbar sein, wurde eventuell zwischenzeitlich gespeichert. Dann müssen die ausgeblendeten Komponenten manuell wieder sichtbar gemacht werden. Hierfür sind alle im Browser grau dargestellten Objekte zu markieren und mit der Option **Sichtbarkeit** der **rechten Maustaste** wieder einzublenden (<u>Nicht</u> das Bauteil **Motorradrahmen.ipt** einblenden!).

7.4.7 Importieren der Halterungen für die Rücklaufwelle

Fügen Sie das Bauteil **Rücklaufwelle-Halter.ipt** in die Baugruppe ein und legen Sie es zweimal darin ab. Positionieren Sie die beiden Bauteile, wie in der oberen Abbildung dargestellt, bündig an den dafür vorgesehenen Absätzen im oberen Bereich des Getrieberaumes im Motorgehäuse (1, 2).

Starten Sie den Schraubenverbindungs-Generator, um die beiden Halter mit dem Motorgehäuse zu verschrauben. Wählen Sie die Option ☙ *Nicht durchgehend*, den Platzierungstyp Linear *Linear*, die markierte *Startebene* (3), als *Referenzen* die beiden **linearen Kanten** (4, 5) mit den Abständen *5 mm* und *7 mm*, sowie die markierte **Sackloch-Startebene** (6). Verwenden Sie den Gewindetyp *ISO Metrisches Profil* und den Durchmesser *6 mm*. Klicken Sie danach auf die Schaltfläche **Zum Hinzufügen einer Schraube hier klicken**, um die **Zylinderkopfschraube DIN EN ISO 4762** zu ergänzen.

Fügen Sie insgesamt vier Schraubenverbindungen ein und **speichern** Sie die Baugruppe anschließend. Dabei ist darauf zu achten, dass die Option *Ja, für alle* aktiviert werden muss. Nachdem die Halterungen der Rücklaufwelle eingefügt und befestigt wurden, kann die **Rücklaufwelle** konstruiert werden.

7.4.8 Konstruktion der Rücklaufwelle

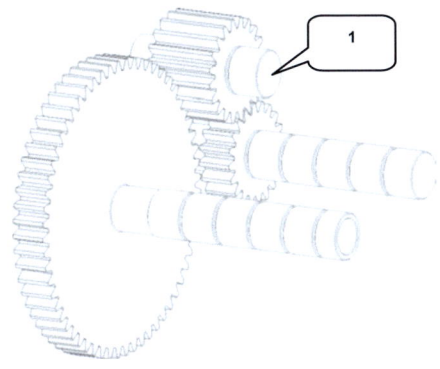

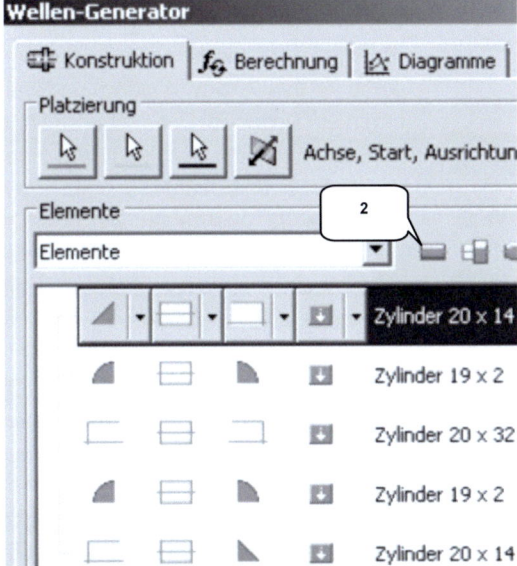

Die kurze **Rücklaufwelle** (1) trägt nur ein einziges Zahnrad: das Rücklaufrad. Der Kraftfluss wird von der Antriebswelle über die Zahnräder auf die Rücklaufwelle übertragen und von ihr auf die Abtriebswelle weitergeleitet, wodurch eine Umkehr der Drehrichtung der Abtriebswelle erreicht wird.

Starten Sie den **Wellen-Generator** und ✗ *löschen* Sie alle vorhandenen Abschnitte bis auf den ersten. Erzeugen Sie danach vier neue **Abschnitte** (2) und übernehmen Sie alle Durchmesser und Längen aus der nebenstehenden Abbildung. Alle **Rundungen** sind mit einem Radius von **0,5 mm** und alle **Fasen** mit der Option **Abstand** (**0,5 mm**) zu gestalten. Beenden Sie den Befehl mit **OK** und legen Sie die Welle frei im Zeichenbereich ab.

Erzeugen Sie eine axiale **Abhängigkeit** zwischen Welle (3) und Halter (4) und eine fluchtende **Abhängigkeit** zwischen den beiden markierten Flächen (5, 6), um die Welle zu positionieren.

Weisen Sie der Rücklaufwelle abschließend die Farbe **Chrompoliert-blau** zu und **speichern** Sie sie.

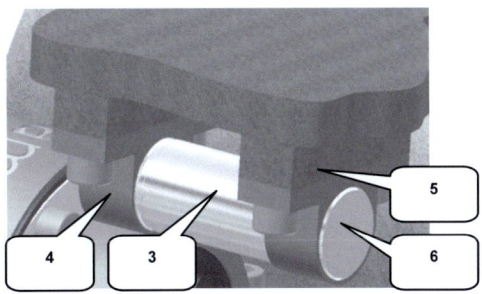

7.4.9 Konstruktion der Abtriebswelle

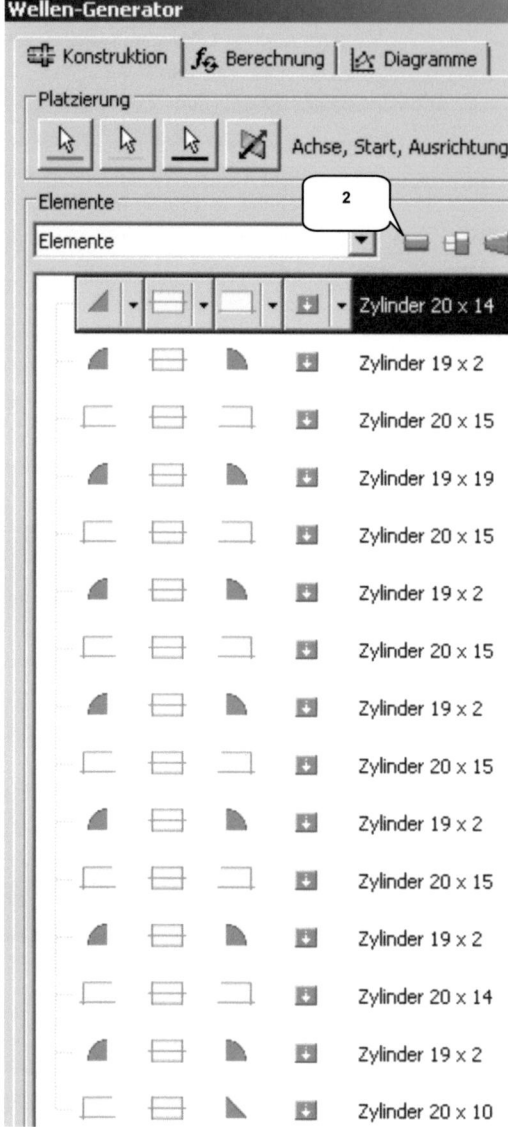

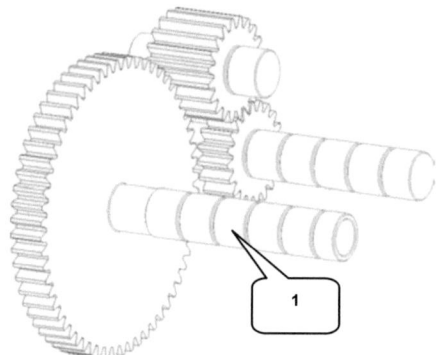

Die **Abtriebswelle** (1) trägt fünf Zahnräder (vier für die Vorwärtsgänge und einen für den Rückwärtsgang) und weiterhin ein Kegelrad. Der Kraftfluss kann entweder von der Antriebswelle oder von der Rücklaufwelle auf die Abtriebswelle übertragen werden. Da sie im Inneren einen Schaltmechanismus tragen soll, muss die Welle als Hohlwelle konstruiert werden.

Starten Sie den **Wellen-Generator** und ✗ *löschen* Sie alle vorhandenen Abschnitte bis auf den ersten. Erzeugen Sie danach 14 weitere **Abschnitte** (2), wobei die jeweiligen Durchmesser und Längen der nebenstehenden Abbildung zu entnehmen sind. Alle **Rundungen** sind mit einem Radius von **0,5 mm** und alle **Fasen** mit der Option **Abstand** und einem Wert **0,5 mm** zu gestalten. Wechseln Sie im Feld **Elemente** zur Option **Hohlräume Links** (3), um eine Durchgangsbohrung zu erzeugen.

- Konstruktion der Getriebewellen -

Wählen Sie die Option ▭ *Inneren Zylinder einfügen* (4) und erzeugen Sie eine Bohrung mit einem Durchmesser **D= 15 mm** und einer Länge **L= 144 mm**. Fügen Sie diesem Element zwei ▲ **Fasen** (Option **Abstand**, Wert **0,5 mm**) hinzu und bestätigen Sie den Befehl mit ▭ **OK**. Die Welle kann jetzt frei im Zeichenbereich abgelegt werden.

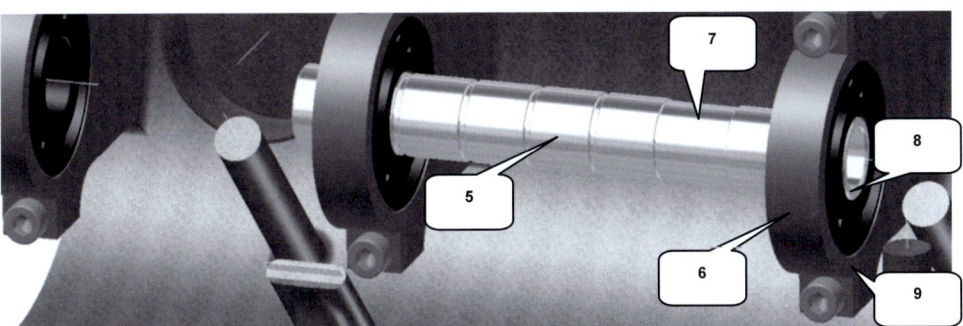

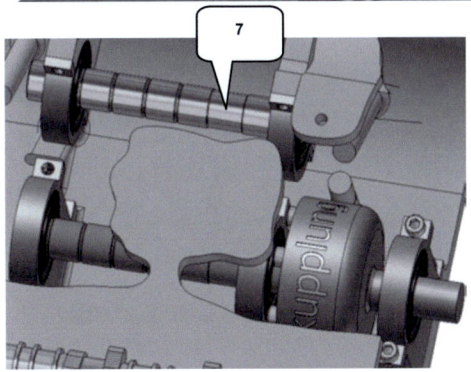

Positionieren Sie die Welle (5) mit einer axialen ⌐ Abhängigkeit im Lager (6), und achten Sie dabei auf die korrekte Position des Wellenabschnitts **19 × 19 mm** (7) (Welle ggf. vorher ausrichten). Setzen Sie eine fluchtende ⌐ Abhängigkeit zwischen der Stirnseite der Welle (8) und der Seitenfläche des Lagers (9), weisen Sie ihr die Farbe **Chrom-poliert-blau** zu und **speichern** Sie die Baugruppe abschließend.

7.5 Konstruktion der Zahnradpaare

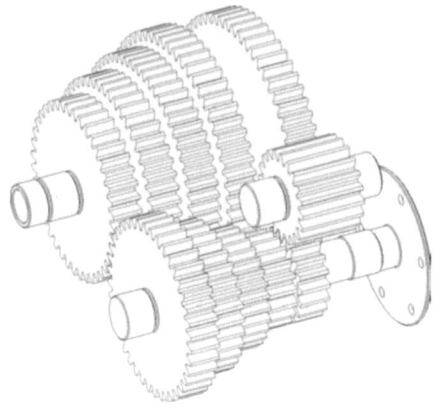

Bei einem **Ziehkeilgetriebe** sind die Zahnradpaare ständig im Eingriff und werden nicht voneinander getrennt. Die Zahnräder der Antriebswelle sind fest mit ihr verbunden, die Zahnräder der Abtriebswelle können frei auf ihr gedreht werden. Wenn der Ziehkeil in der Abtriebswelle unter ein Zahnrad geschoben wird, aktiviert er eine Sperre und verbindet das Zahnrad mit der Abtriebswelle. Der Kraftfluss geht dann an dieser Stelle auf die Abtriebswelle über.

7.5.1 Befehlsgrundlagen STIRNRÄDER-GENERATOR

Der **Stirnräder-Generator** (1) ermöglicht die Konstruktion von Stirnradpaaren, wobei alle Randbedingungen frei definiert und die Zahnräder in der Baugruppe positioniert werden können.

7.5.1.1 Register KONSTRUKTION

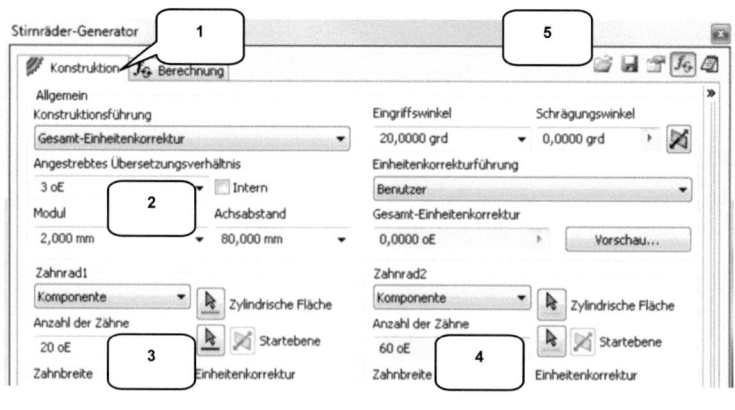

Im Register **Konstruktion** werden Berechnungstyp, Übersetzungsverhältnis, Achsabstand, Eingriffswinkel und geometrische Abmessungen der Stirnräder festgelegt.

- Konstruktion der Zahnradpaare -

OPTIONEN

1) Register: Konstruktion/ Berechnung
2) Berechnungstyp, Übersetzungsverhältnis, Modul, Achsabstand, Eingriffswinkel, Schrägungswinkel
3) Geometrie 1. Stirnrad
4) Geometrie 2. Stirnrad
5) Berechnungswerte importieren/ exportieren, Berechnungseinstellungen

7.5.1.2 Register BERECHNUNG

INHALT

Der Register **Berechnung** ermöglicht eine Auswahl der Methode der Festigkeitsberechnung sowie die Definition von Material, Gebrauchsdauer und Belastung.

OPTIONEN

1) Register: Konstruktion/ Berechnung
2) Methode der Festigkeitsberechnung
3) Belastungen
4) Materialauswahl
5) Gebrauchsdauer
6) Berechnungsergebnisse

7.5.2 Konstruktion des Zahnradpaares für den ersten Gang

In den folgenden Übungen sind die einzelnen Zahnradpaare zu konstruieren. Zur besseren Darstellung, markieren Sie die drei Wellen im Browser (1) und isolieren diese (*rechte Maustaste > Isolieren*).

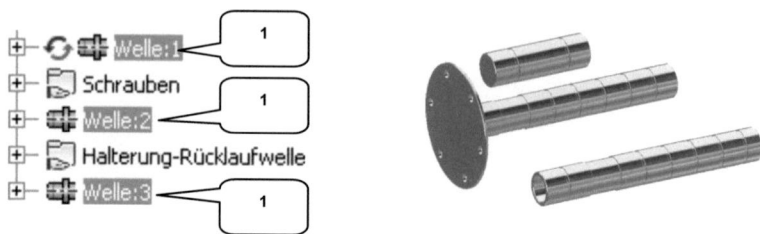

Das Zahnradpaar des ersten Ganges soll mit einem Übersetzungsverhältnis von **3:1** betrieben werden. Das bedeutet, dass sich die Drehzahl der Kurbelwelle nur zu einem Drittel von der Antriebs- auf die Abtriebswelle überträgt. Das Drehmoment hingegen, verdreifacht sich.

Die Anzahl der Zähne für das treibende Rad (Zahnrad 1) soll **20**, für das getriebene Rad (Zahnrad 2) **60** betragen. Beide Stirnräder sind mit einer Breite von **15 mm** zu konstruieren.

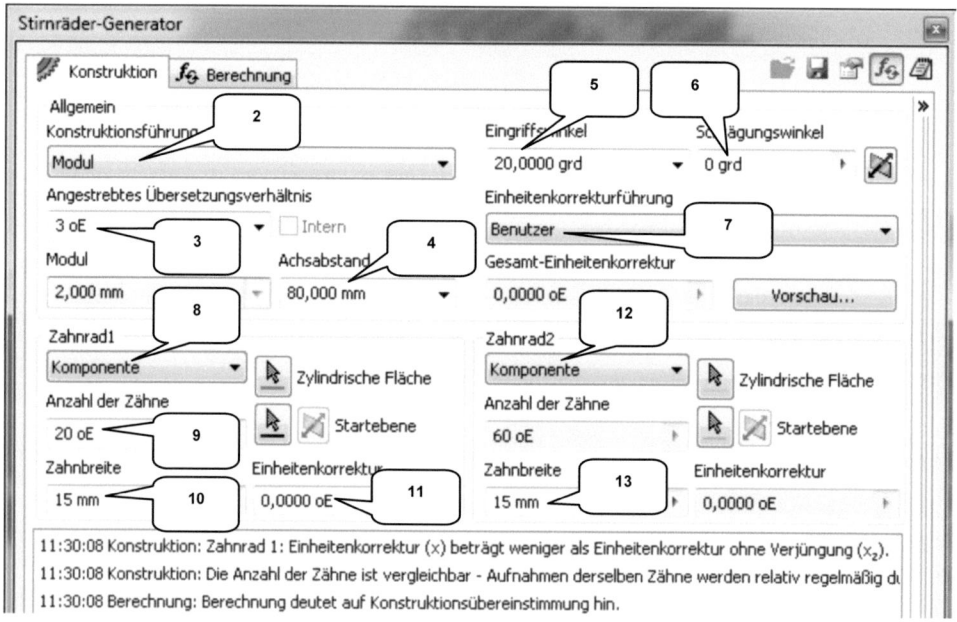

- Konstruktion der Zahnradpaare -

Übernehmen Sie die Einstellungen in folgender Reihenfolge:

- **Konstruktionsführung**: Modul (2) *
- **Übersetzungsverhältnis**: 3:1 (3)
- **Achsabstand**: 80 mm (4)
- **Eingriffswinkel**: 20° (5)
- **Schrägungswinkel**: 0° (6)
- **Einheitenkorrektur**: Benutzer (7)
- **Zahnrad 1-Option**: Komponente (8)
- **Zahnrad 1-Anzahl der Zähne**: 20 (9)
- **Zahnrad 1-Zahnbreite**: 15 mm (10)
- **Zahnrad 1-Einheitenkorrektur**: 0 (11)
- **Zahnrad 2-Option: Komponent**e (12)
- **Zahnrad 2-Zahnbreite**: 15 mm (13)
- Berechnen **Berechnen**

HINWEIS: Sollte das Eingabefeld **Angestrebtes Übersetzungsverhältnis** (3) nach Aktivierung der Konstruktionsführung **Modul** (2) grau hinterlegt sein, wechseln Sie kurz zur Option Konstruktionsführung **Modul und Anzahl der Zähne** (2) und dann wieder zurück zu **Modul**.

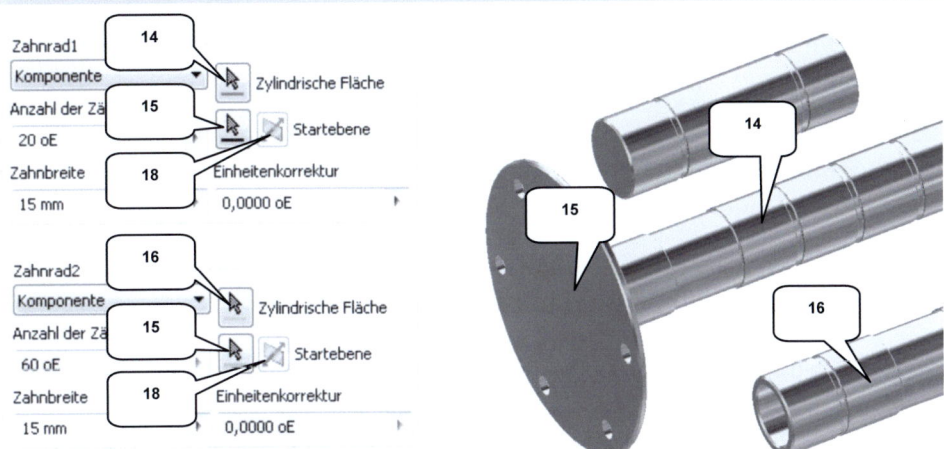

Nachdem die Werte berechnet wurden, können die **Referenzen** zur Positionierung der Zahnräder definiert werden. Verwenden Sie die oben markierten zylindrischen Flächen (14, 16) und die Startebene (15).

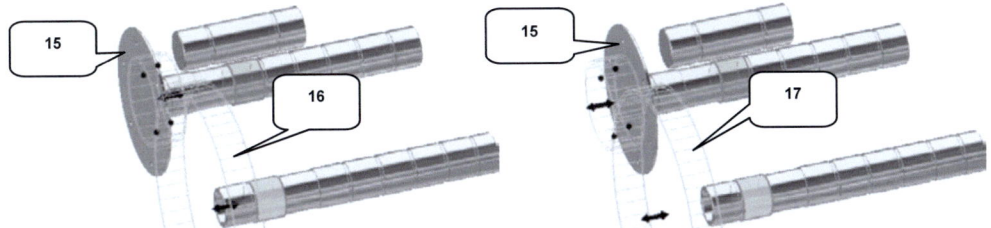

HINWEIS: Achten Sie darauf, dass das Zahnradpaar, rechts neben der Startfläche (15) angeordnet wird (16). Sollte dies nicht der Fall sein (17), muss die Option ✗ **Seite umkehren** (18) zur Korrektur verwendet werden (für jedes Zahnrad einzeln).

Der Befehl kann jetzt mit [OK] **OK** bestätigt werden, das Zahnradpaar wird berechnet. Die neu generierte Unterbaugruppe **Stirnräder.iam** (19) sollte im Browser automatisch als ▦ **flexibel** (20) gekennzeichnet worden sein werden. Wenn nicht, muss das manuell nachgeholt werden (*rechte Maustaste > Flexibel*).

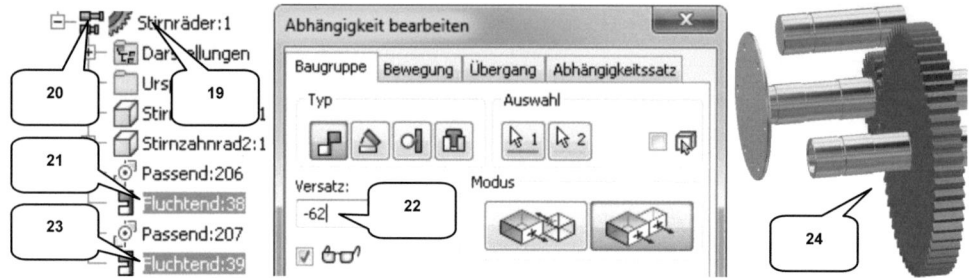

Überprüfen Sie die Beweglichkeit der Zahnradpaarung, indem eines der Zahnräder bei gedrückter linker Maustaste gedreht wird: das zweite sollte sich ebenfalls drehen.

Axiale Abhängigkeiten zwischen den Zahnrädern und den Wellen wurden bereits erzeugt, eine jeweilige präzise Positionierung muss noch erfolgen.

Erweitern Sie hierfür die Unterbaugruppe **Stirnräder.iam** (19) im Browser. Um die Abstände der Stirnräder zu den Seitenflächen zu definieren, sind die vorhandenen Abhängigkeiten zu bearbeiten. Starten Sie mit der Bearbeitung der ersten Abhängigkeit ▦ **Fluchtend** (21) (*rechte Maustaste > Bearbeiten*) und ändern Sie ihren Versatzwert auf *-62 mm* (22).

Im Ergebnis sollte das Zahnrad jetzt in Richtung der Achsmitte verschoben werden (24). Übernehmen Sie diesen Versatz auch für das zweite Zahnrad (23) unter Verwendung desselben Versatzwertes *-62 mm* (22). Beide Zahnräder sollten sich danach auf derselben Höhe befinden.

HINWEIS: Sollten die Zahnräder fälschlicherweise außerhalb der Wellen positioniert worden sein, müssen die Versatzwerte auf einen positiven Wert korrigiert werden (+62 mm).

7.5.3 Konstruktion der Zahnradpaare der restlichen Vorwärtsgänge

Die Zahnradpaare der restlichen 3 Vorwärtsgänge werden ähnlich konstruiert. Wiederholen Sie die vorherige Befehlskette und übernehmen Sie die Werte und Einstellungen aus den folgenden Abbildungen.

Das Zahnradpaar des zweiten Ganges (1) wird mit einem Übersetzungsverhältnis von **2:1** (2), bei **30** Zähnen (3) für das erste Zahnrad konstruiert.

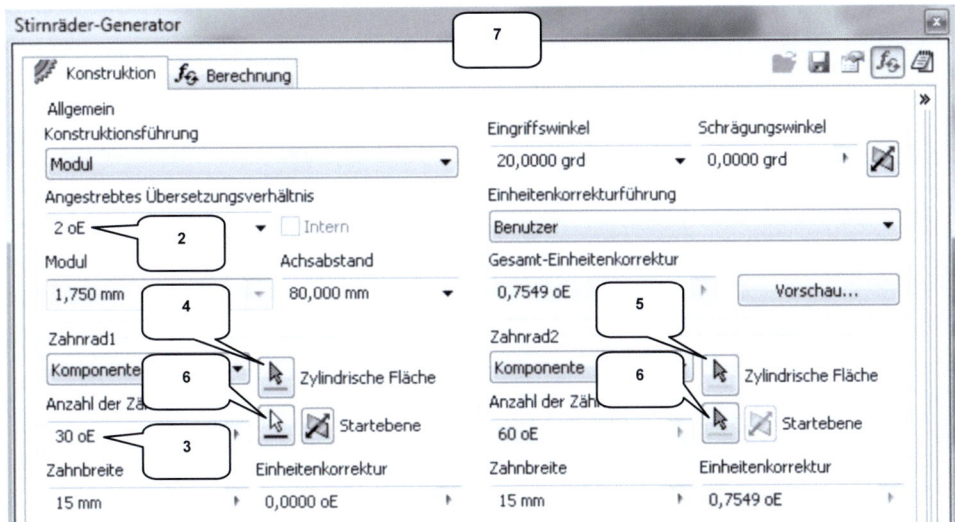

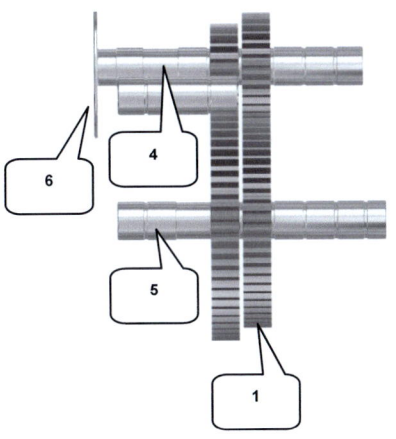

Als ▷ **Referenzen** für die **zylindrischen Flächen** (4), (5) und die ▷ **Startebene** (6), können dieselben geometrischen Elemente wie beim ersten Zahnradpaar verwendet werden. Alle Werte und Einstellungen sind der oberen Abbildung (7) zu entnehmen.

Sobald das Zahnradpaar berechnet und positioniert wurde, muss auch hier die Position auf den beiden Wellen korrigiert werden. Hierfür muss im Browser die zuletzt erzeugte Unterbaugruppe **Stirnräder.iam** erweitert, und die darin enthaltenen fluchtenden Abhängigkeiten bearbeitet werden. Verwenden Sie diesmal einen Versatz von **-79 mm** und kontrollieren Sie abschließend die Beweglichkeit des Zahnradpaares.

- Konstruktion der Zahnradpaare -

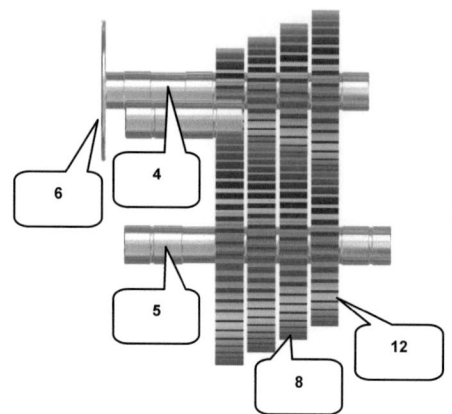

Das Zahnradpaar des dritten Ganges (8) soll mit einem Übersetzungsverhältnis von *1,5:1* (9) bei 33 Zähnen des ersten Zahnrades (10) versehen werden.

Der Versatzwert der Zahnräder von der Ursprungsposition (3) aus, soll anschließend auf *-96 mm* geändert werden. Alle restlichen Werte und Einstellungen sind der folgenden Abbildung (11) zu entnehmen.

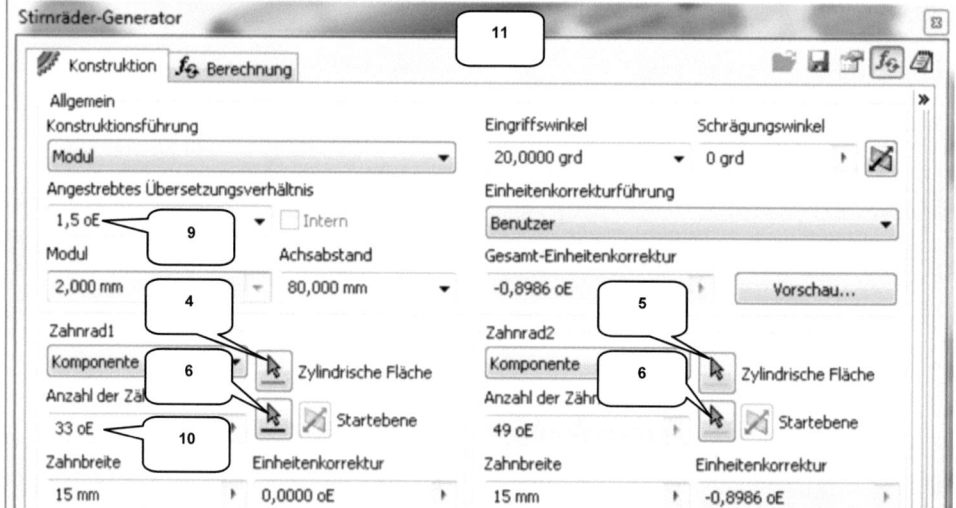

Abschließend ist das Zahnradpaar des vierten Ganges (12) zu erzeugen. Das Übersetzungsverhältnis ist mit *1:1* (13) zu definieren, weshalb dieser Gang wird auch als Direktgang bezeichnet wird. Das erste Zahnrad soll *40* Zähne erhalten (14). Alle sonstigen Werte und Einstellungen sind Abbildung (15) zu entnehmen.

Wurde die Konstruktion des Zahnradpaares abgeschlossen, ist der Versatz der Zahnräder zur Startebene (3) auf *-113 mm* zu korrigieren. Im Anschluss daran sollte auch hier geprüft werden, ob beide Zahnräder sich drehen lassen.

Speichern Sie die Baugruppe.

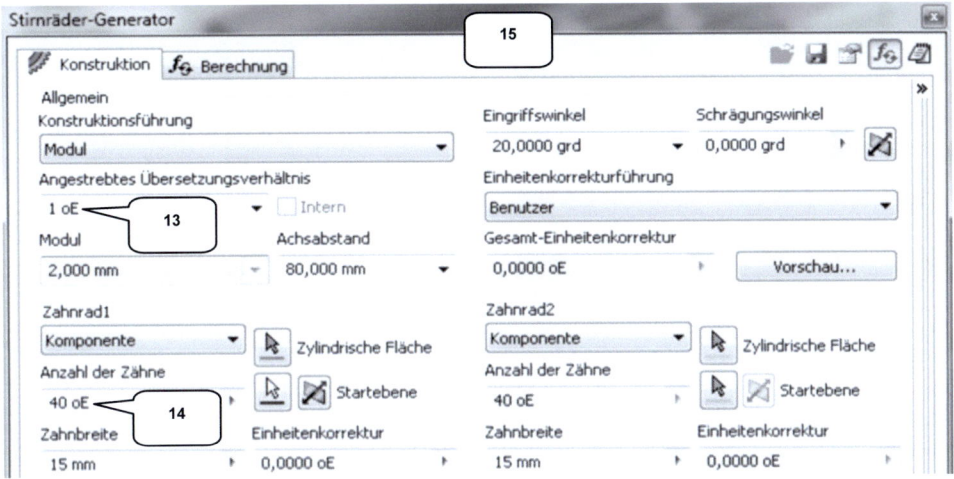

7.5.4 Importieren der Zahnräder für den Rückwärtsgang

Der Rückwärtsgang stellt in seiner Konstruktion eine Besonderheit dar. Um die Drehrichtung der Abtriebswelle zu ändern, muss der Kraftfluss über eine zusätzliche Welle (die Rücklaufwelle) geführt werden. Weil der Stirnräder-Generator keine Möglichkeit bietet, mehr als zwei Stirnräder zeitgleich zu konstruieren, sollen stattdessen vorgefertigte Zahnräder montiert werden.

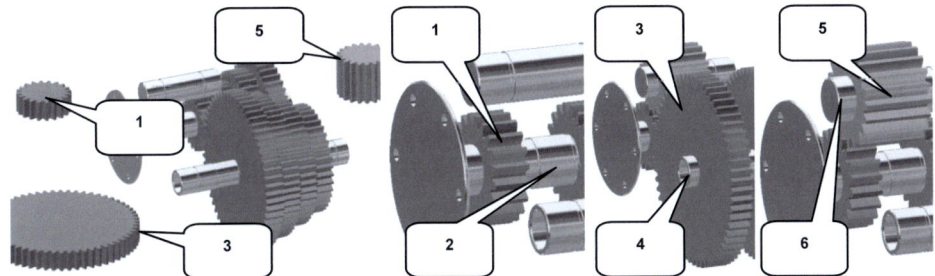

Platzieren Sie die Bauteile *Rückwärtsgang-Stirnzahnrad1.ipt*, *Rückwärtsgang-Stirnzahnrad2.ipt* und *Rückwärtsgang-Stirnzahnrad3.ipt* aus dem Projektordner, legen Sie sie jeweils einmal in der Baugruppe frei ab und setzen Sie anschließend drei axiale **Abhängigkeiten**. Stirnzahnrad1 (1) soll auf der Antriebswelle (2) befestigt werden, Stirnzahnrad2 (3) soll auf der Abtriebswelle (4) befestigt werden und Stirnzahnrad3 (5) soll auf der kurzen Rücklaufwelle (6) befestigt werden.

Alle drei Zahnräder sind im Anschluss daran mit einer fluchtenden **Abhängigkeit** zur markierten Seitenfläche der Antriebswelle (7) zu positionieren.

- Konstruktion der Zahnradpaare -

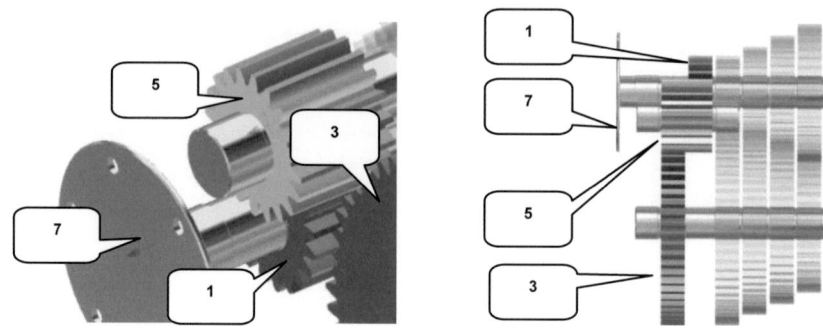

Das Zahnrad auf der Antriebswelle (1) soll einen Versatz von **-45 mm** zur Seitenfläche (7) erhalten, die beiden Zahnräder (3, 5) sind jeweils mit einem Versatz von **-28 mm** anzuordnen. **Speichern** Sie die Baugruppe anschließend.

7.5.5 Wellen und Zahnräder mit Bewegungsabhängigkeiten versehen

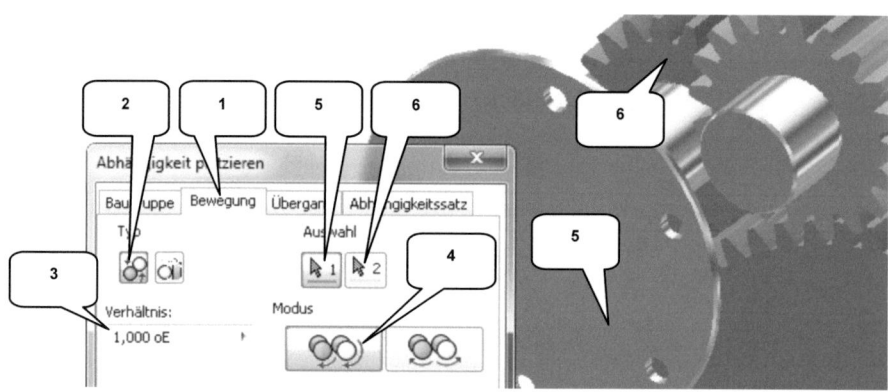

Nachdem alle Stirnräder in die Baugruppe eingefügt wurden, sollen Bewegungsabhängigkeiten ihre Drehbewegungen synchronisieren. Im ersten Schritt sind die Zahnräder der Antriebswelle mit dieser fest zu verbinden, was mit Bewegungsabhängigkeiten zwischen den Zahnrädern und der Antriebswelle erreicht werden soll.

Starten Sie den Befehl **Abhängig machen** (Befehlsgruppe **Zusammenfügen**) und wechseln Sie darin zum Register **Bewegung** (1). Aktivieren Sie den Typ **Drehung** (2), wählen Sie ein Verhältnis von **1:1** (3) und den Modus **Vorwärts** (4). Als **Auswahl 1** soll die markierte Fläche der Antriebswelle (5) gewählt werden, als **Auswahl 2** die Stirnfläche des markierten Zahnrades (6). Bestätigen Sie den Befehl mit **Anwenden** **Anwenden** und wiederholen Sie die Befehlskette bei den restlichen vier Zahnrädern der Antriebswelle (7...10).

- Konstruktion der Zahnradpaare -

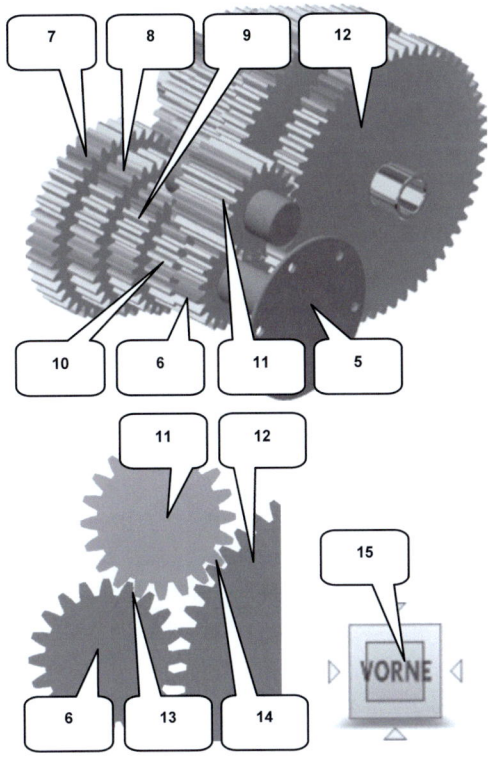

Drehen Sie die Welle (5) anschließend bei gedrückter linker Maustaste: Die Zahnräder darauf sollten sich analog dazu bewegen. Um die Zahnräder des Rückwärtsgangs voneinander abhängig zu machen, sind sie zur besseren Ansicht zu isolieren. Markieren Sie die drei Zahnräder (6, 11 und 12) und isolieren Sie sie (*rechte Maustaste* > *Isolieren*).

Wechseln Sie am *ViewCube* zur Ansicht *VORNE* (15), zoomen Sie die Schnittstelle der beiden kleinen Zahnräder (Position 13) nah heran, und drehen Sie die Zahnräder, bis die Zähne der Zahnräder (6) und (11) kollisionsfrei ineinandergreifen. Drehen Sie anschließend das Zahnrad (12), bis dessen Zähne kollisionsfrei mit denen des Zahnrades (11) auf der Rücklaufwelle ineinandergreifen (14).

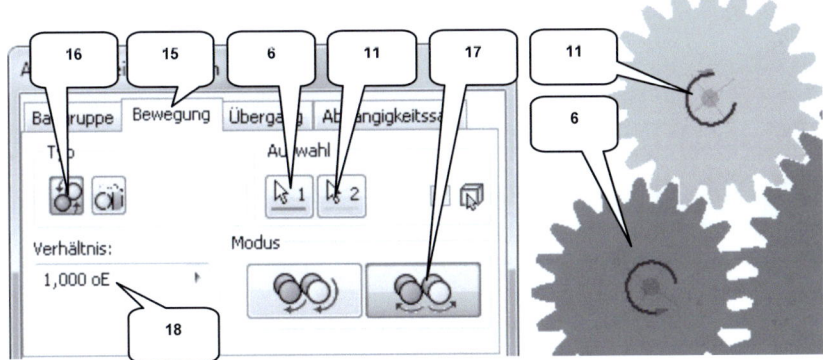

Starten Sie jetzt den Befehl **Abhängig machen** (Register *Bewegung* (15)) und verbinden Sie die beiden Zahnräder (6) und (11) miteinander (Typ *Drehung* (16), Modus *Rückwärts* (17), Übersetzungsverhältnis *1:1* (18)).

Bestätigen Sie die Eingaben mit der Option *Anwenden*.

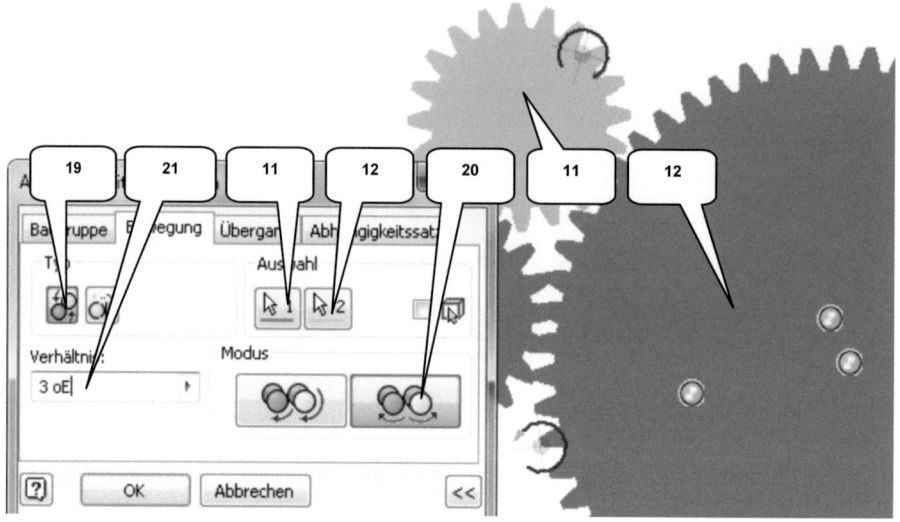

Setzen Sie eine weitere Bewegungsabhängigkeit zwischen den Zahnrädern (11) und (12). Verwenden Sie den Typ **Drehung** (19), den Modus **Rückwärts** (20) und ein Übersetzungsverhältnis von **3:1** (21). Bestätigen Sie die Eingaben durch **OK**.

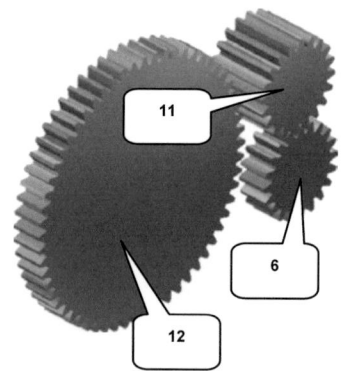

Drehen Sie eines der Zahnräder, um die Bewegungsabhängigkeiten zu testen: Zahnradpaar (6, 11) und Zahnradpaar (11, 12) sollten jeweils passend ineinandergreifen und sich bei Bewegung gegenläufig drehen.

Die noch immer ausgeblendeten restlichen Komponenten der Baugruppe sind jetzt wieder einzublenden. Markieren Sie hierfür im Browser alle grau hinterlegten Komponenten (nicht das Bauteil **Motorradrahmen.ipt**), klicken Sie mit der **rechten Maustaste** darauf und wählen Sie die Option **Sichtbarkeit**.

Markieren Sie im Browser alle Stirnräder und weisen Sie ihnen die Farbe **Chrom-poliert-schwarz** zu.

Nach der Antriebswelle soll jetzt auch die Abtriebswelle an den Kraftfluss angeschlossen werden. Auch hier ist eine Bewegungsabhängigkeit zu verwenden.

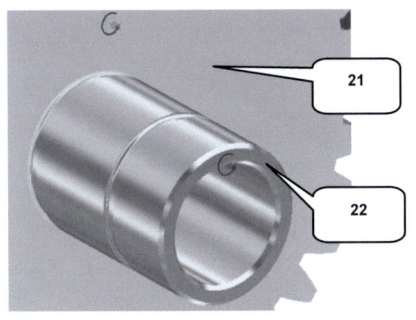

Starten Sie den Befehl ⌐ **Abhängig machen** im Register **Bewegung**.

Aktivieren Sie den Typ **Drehung**, den Modus **Vorwärts**, und geben Sie ein Übersetzungsverhältnis von *1:1* ein. Als *Referenz* der *Auswahl 1* ist die Seitenfläche des markierenden Zahnrades (21) und als *Referenz* der *Auswahl 2* die Ringfläche der Abtriebswelle (22) zu verwenden.

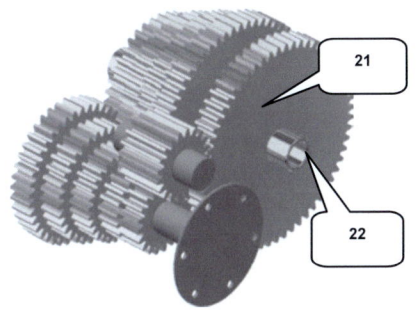

Speichern Sie die gesamte Baugruppe, um alle gesetzten Abhängigkeiten zu sichern.

7.6 Konstruktion des Kegelradgetriebes

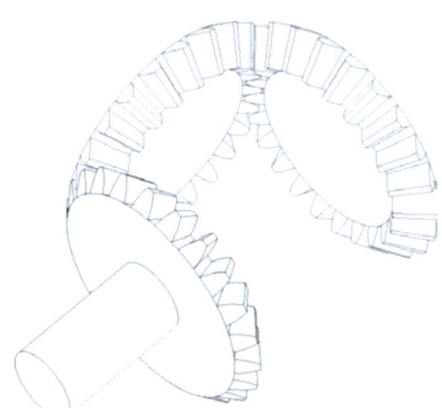

Durch die Abtriebswelle verläuft eine Rollenkette, welche den Ziehkeil bewegt. Diese Konstruktion erfordert genügend Platz an den Seiten der Welle, um die Kette, welche durch Kettenräder geführt wird, in die Welle hinein- und wieder herausbewegen zu können. An einem Ende der Welle soll daher ein zusätzliches Kegelradgetriebe (bestehend aus drei jeweils um 90° zueinander geneigten Kegelrädern) konstruiert werden.

Weil die gewünschte Konstellation, bestehend aus drei Kegelrädern, vom Programm nicht umgesetzt werden kann, muss das dritte Kegelrad später zusätzlich aus dem Projektordner hinzugefügt werden.

7.6.1 Welle und Lager zur Platzierung der Kegelräder erzeugen

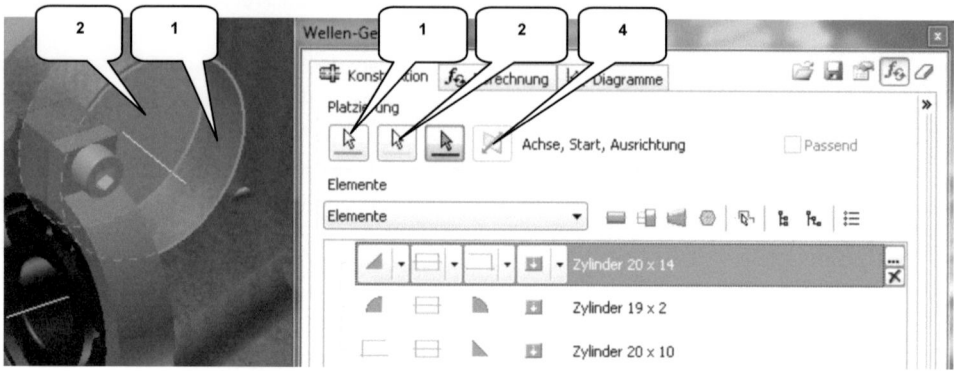

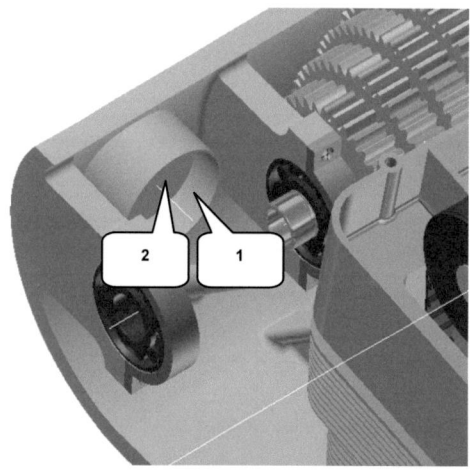

Vor der Konstruktion des Kegelradgetriebes, sollte die Baugruppe allerdings um eine weitere Welle und ein weiteres Wälzlager erweitert werden.

Starten Sie den **Wellen-Generator**. Verwenden Sie als *Referenz* für die *zylindrische Fläche* die markierte Zylinderfläche (1) im Motorgehäuse und als *Referenz* für die *planare Startfläche* die markierte Fläche (2).

Die Referenzen finden Sie im hinteren Teil des Getrieberaumes (Bauteil *Motorgehaeuse.ipt*). Erstellen Sie eine Welle aus drei Abschnitten und mit Fasen und Rundungen.

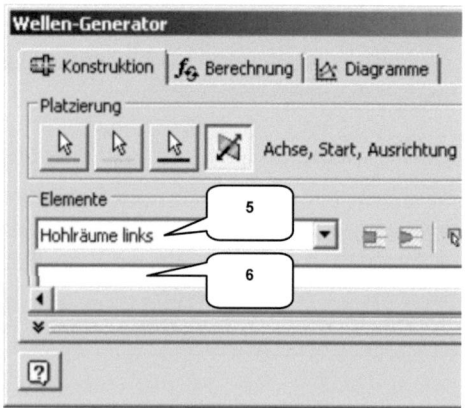

Die beiden *Fasen* sind mit der Option *Abstand* und einem Wert *0,5 mm* zu versehen, die beiden *Rundungen* mit einem jeweiligen Radius von *0,5 mm*.

Achten Sie auf die korrekte Richtung: Die Welle muss, von der Startebene aus, in Richtung Getriebeinnenraum zeigen (3).

- Konstruktion des Kegelradgetriebes -

Eine Korrektur ist ggf. mittels ⚙ *Seite umkehren* (4) möglich. Stellen Sie sicher, dass in der Option *Hohlräume links* (5) keine Durchgangsbohrung mehr aktiviert ist (6).

Bestätigen Sie den Befehl und weisen Sie der Welle die Farbe *Chrom-poliert-blau* zu.

Um die Welle zu führen, muss ein neues Wälzlager eingefügt werden. Markieren Sie das vorhandene Lager (7), kopieren Sie es und fügen Sie es ein weiteres Mal in die Baugruppe ein (*rechte Maustaste > Kopieren*, *rechte Maustaste > Einfügen*).

Setzen Sie zwei ⚙ *Abhängigkeiten*, um das neue Lager zu positionieren. Verbinden Sie hierfür die Achsen der beiden Zylinderflächen (8) und (9) von Welle und Lager und die Flächen (10) und (11) von Lager und Getrieberaum. Das gewünschte Ergebnis ist in Abbildung (12) zu sehen.

Weisen Sie dem neuen Lager abschließend die Farbe *Blau* zu und **speichern** Sie die Baugruppe.

7.6.2 Befehlsgrundlagen KEGELRÄDER-GENERATOR

Der 🛠 **Kegelräder-Generator** (1) ist grundlegend mit dem Stirnräder-Generator zu vergleichen, da die Vorgehensweise bei der Berechnung ähnlich ist. Nur liegen die Kegelräder nicht parallel zueinander, sondern sind in einem zu definierendem Winkel zueinander angeordnet.

7.6.2.1 Register KONSTRUKTION

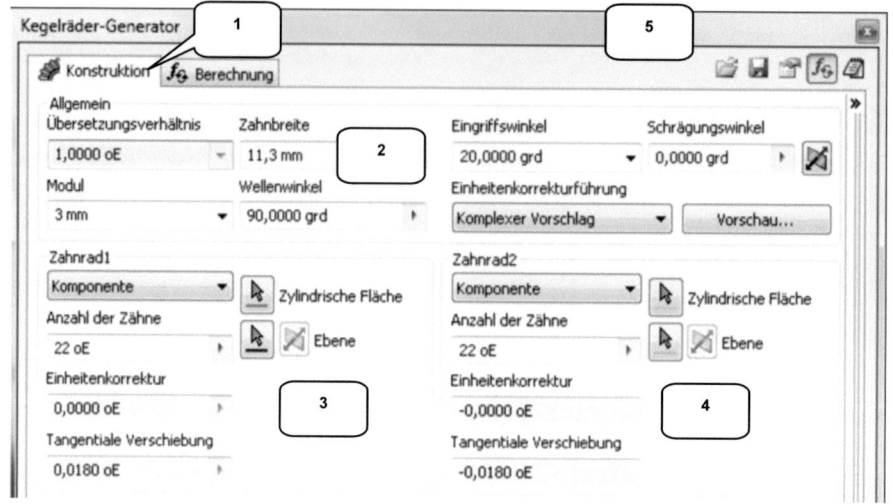

INHALT

Im Register **Konstruktion** werden alle Randbedingungen definiert und ggf. Vorgaben zur Positionierung der Kegelräder in der Baugruppe festgelegt.

OPTIONEN

1) Register: Konstruktion/ Berechnung
2) Allgemeine Grundeinstellungen
3) Geometrie Kegelrad 1
4) Geometrie Kegelrad 2

5) Berechnungswerte, Berechnung aktivieren/ deaktivieren, Dateibenennung aktivieren, Berechnungswerte zurücksetzen

7.6.2.2 Register BERECHNUNG

INHALT

Im Register **Berechnung** können Methode der Festigkeitsberechnung, Belastungen der Kegelräder, Materialwerte und die erforderliche Gebrauchsdauer definiert werden.

- Konstruktion des Kegelradgetriebes -

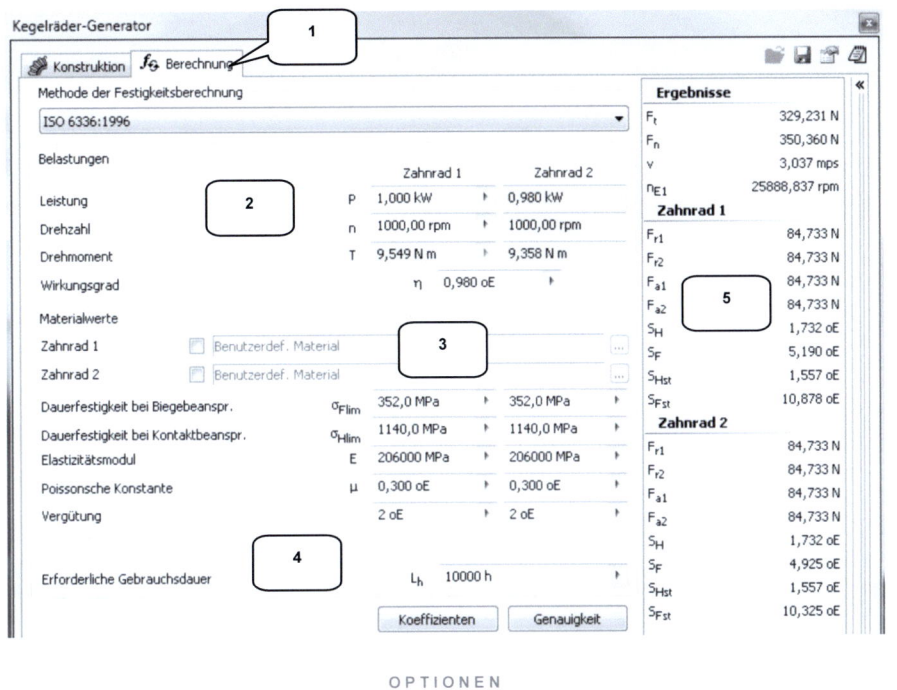

1) Register: Konstruktion/ Berechnung	4) Gebrauchsdauer
2) Belastung	5) Ergebnisdarstellung
3) Material	

7.6.3 Konstruktion des Kegelradgetriebes

Übernehmen Sie alle Werte und Einstellungen aus der folgenden Abbildung (1). **Berechnen** Sie die Ergebnisse und bestätigen Sie den Befehl mit **OK**.

Legen Sie das Kegelradpaar frei im Zeichenbereich ab (2) und richten Sie es etwas aus. Hierfür muss die Kegelradbaugruppe markiert, die **Taste: G** gedrückt und beide Kegelräder bei gedrückter linker Maustaste gedreht werden, bis in etwa die dargestellte Position (3) erreicht wurde.

Die Positionierung der Kegelräder könnte theoretisch bereits während des Befehls erfolgen. Da hierbei leider häufig Probleme auftreten (trotz korrekter Angabe der Referenzen werden die Kegelradpaare falsch platziert), soll die Positionierung manuell erfolgen.

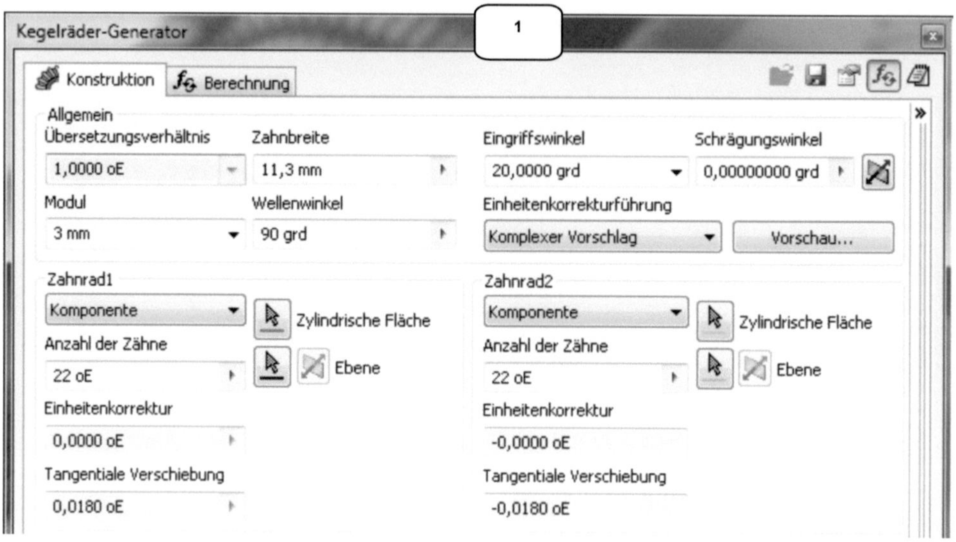

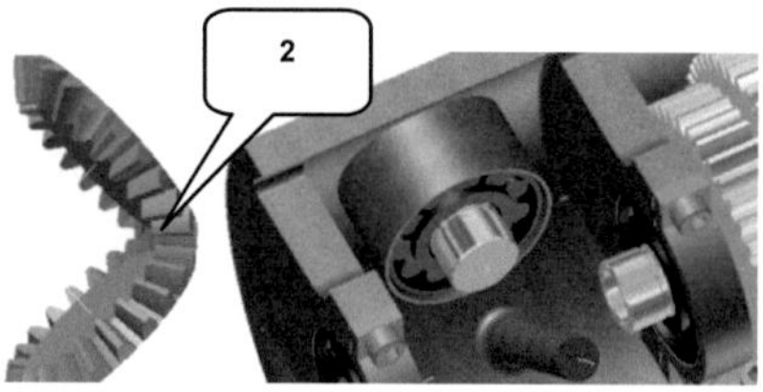

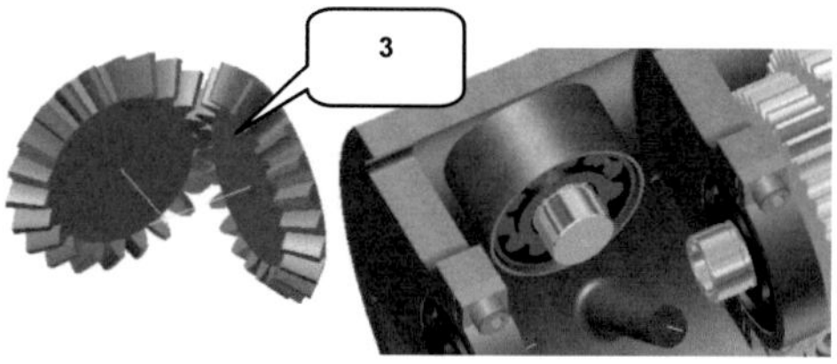

- Konstruktion des Kegelradgetriebes -

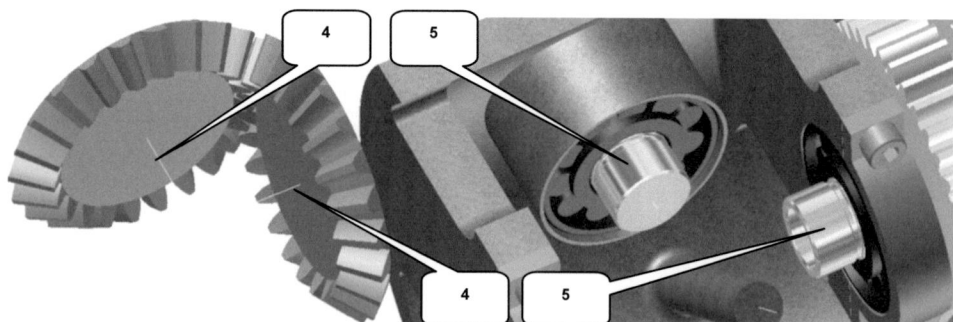

Winkel und Abstand der Kegelräder zueinander wurden bereits festgelegt, daher müssen die Achsen der Kegelräder jetzt nur axial noch auf den Wellen platziert werden.

Erzeugen Sie Abhängigkeiten (**Abhängig machen**) zwischen den markierten Achsen der Kegelräder (4) und den Mantelflächen der Wellen (5). Sobald die beiden Kegelräder ihre endgültige Position eingenommen haben, müssen sie noch in bewegliche Komponenten verwandelt werden.

- Konstruktion des Kegelradgetriebes -

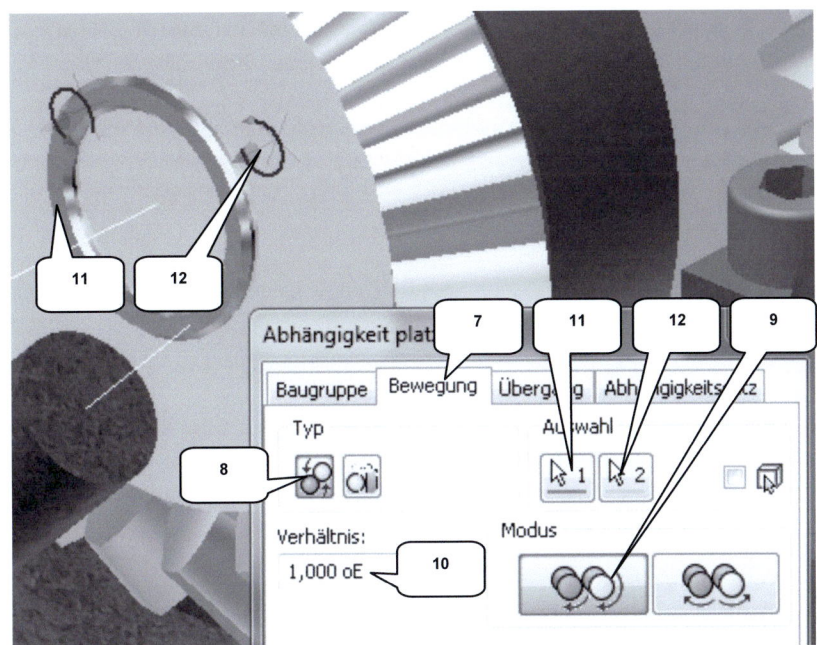

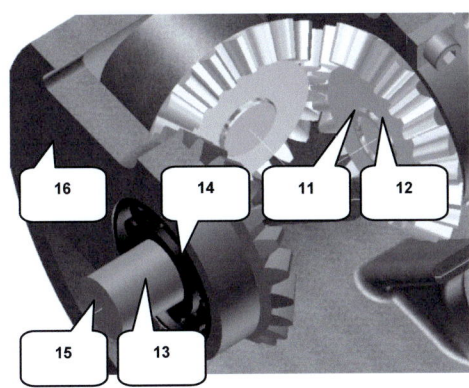

Wie auch beim Stirnräder-Generator, werden Kegelräder vom Programm als starre Baugruppen eingefügt, weshalb sie nachträglich als flexibel gekennzeichnet werden müssen. Markieren Sie die Baugruppe **Kegelräder.iam** (6) im Browser und aktivieren Sie mit der **rechten Maustaste** darauf die Option **Flexibel** im Kontextmenu.

Starten Sie den Befehl **Abhängig machen** (Register **Bewegung** (7)). Aktivieren Sie den Typ **Drehung** (8), den Modus **Vorwärts** (9), das Übersetzungsverhältnis **1:1** (10) und erzeugen Sie damit eine Bewegungsabhängigkeit zwischen der Abtriebswelle (11) und dem Kegelrad (12).

- Konstruktion des Kegelradgetriebes -

Platzieren Sie das Bauteil **Abtrieb-Kegelrad-außen.ipt** aus dem Projektordner und legen Sie es einmal frei im Zeichenbereich ab. Um der neuen Komponente ihren Platz in der Baugruppe zuzuweisen, müssen zwei weitere Abhängigkeiten (**Abhängig machen**) erzeugt werden: Die Welle des neu eingefügten Kegelrades (13) soll axial mit der Zylinderfläche des markierten Lagers (14) verbunden werden. Die Stirnseite des Wellenzylinders (15) soll fluchtend zur markierten Seitenfläche des Getriebes (16) positioniert, und in einem Abstand von **-22 mm** dazu angeordnet werden.

HINWEIS: Die Welle des zuletzt eingefügten Kegelrades (13) sollte jetzt aus dem Getrieberaum herausragen. Andernfalls ist der Abstand der fluchtenden Abhängigkeit auf **+22 mm** zu korrigieren!

Vor dem Setzen einer Bewegungsabhängigkeit zwischen dem zuletzt eingefügten Kegelrad und den beiden anderen Kegelrädern, muss das einzelne Kegelrad ausgerichtet werden. Markieren Sie alle drei Kegelräder und isolieren Sie sie (**rechte Maustaste > Isolieren**).

Wechseln Sie am **ViewCube** zur Ansicht **HINTEN** (17), vergrößern Sie die Schnittstelle der beiden jetzt sichtbaren Kegelräder (18) und drehen Sie das Kegelrad (19) etwas, bis die Zähne beider Kegelräder kollisionsfrei ineinandergreifen.

Das Kegelrad (19) darf jetzt nicht mehr bewegt werden. Drehen Sie die gesamte Ansicht etwas, um eine Bewegungsabhängigkeit zwischen den beiden ausgerichteten Kegelrädern zu erzeugen. Starten Sie hierfür den Befehl **Abhängig machen**. Im Register **Bewegung** (20) sind der Typ **Drehung** (21) und der Modus **Vorwärts** (22) zu aktivieren und ein Übersetzungsverhältnis **1:1** (23) einzutragen. Als Referenzflächen sind die Kegelradflächen (24) und (25) zu verwenden. Im Anschluss daran können alle drei Kegelräder mit der Farbe **Chrom-poliert-schwarz** versehen werden. Beenden Sie die Isolierung (**rechte Maustaste > Isolieren rückgängig**) und **speichern** Sie die Baugruppe abschließend.

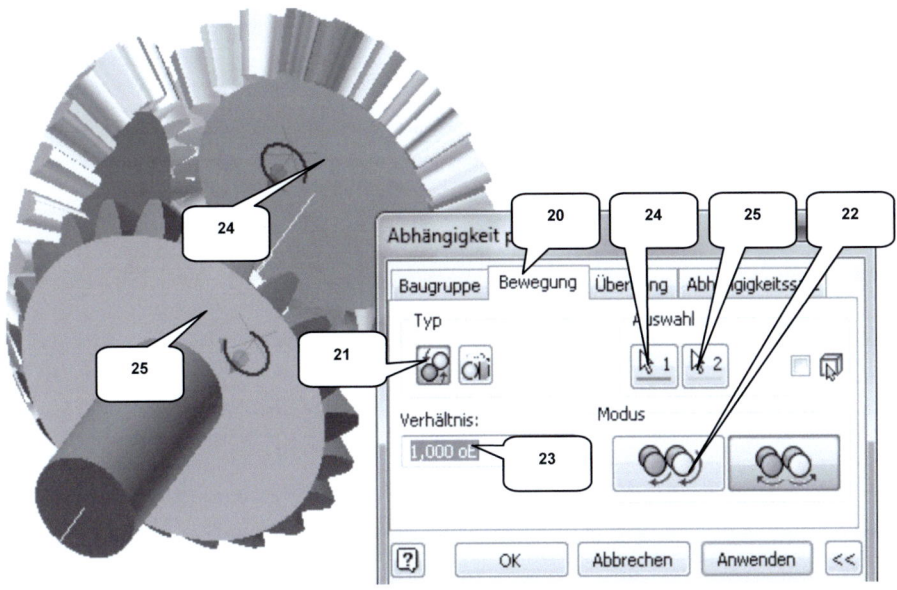

8 Rollenketten

8.1 Rollenketten erzeugen

Rollenketten werden im technischen Bereich häufig verwendet, um einen Kraftfluss von einer Welle auf eine andere übertragen zu können. In diesem Übungsbeispiel sollen insgesamt zwei Rollenketten konstruiert werden. Die erste Kette wird die Kraftübertragung von der Kurbelwelle auf das Getriebe gewährleisten und muss daher stabil ausgeführt werden. Die zweite Kette wird axial durch die Abtriebswelle verlaufen, um dort den Ziehkeil zu bewegen. Aufgrund ihrer geringen Beanspruchung wird sie wesentlich filigraner ausfallen.

8.1.1 Befehlsgrundlagen ROLLENKETTEN-GENERATOR

Mit dem *Rollenketten-Generator* (1) können Kettenantriebe, bestehend aus Rollenkette, Kettenrädern und Spannrollen, berechnet und konstruiert werden, wobei das Programm bereits eine Auswahl an vorhandenen Rollenketten zur Verfügung stellt. Auch dieser Befehl ermöglicht es, eine Positionierung anhand vorhandener geometrischer Elemente vorzunehmen.

8.1.1.1 Register KONSTRUKTION

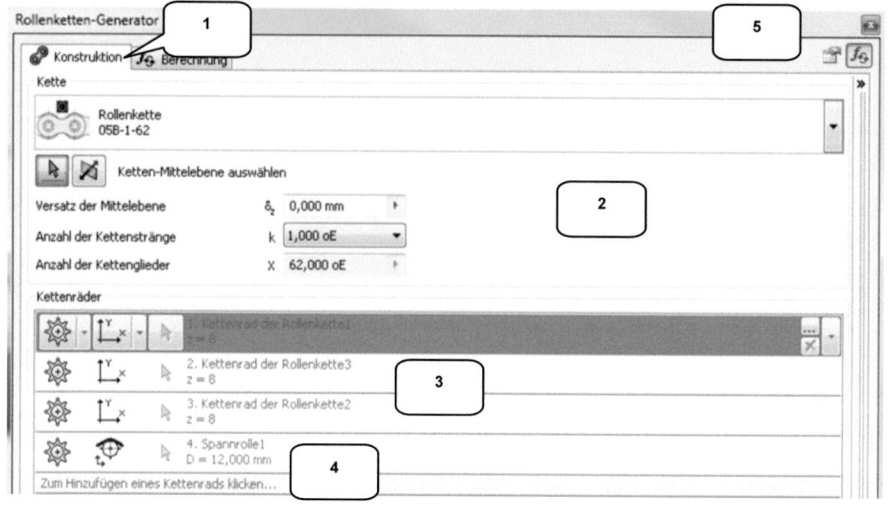

INHALT

Im Register **Konstruktion** wird der Kettentyp gewählt, neue Kettenräder und Spannrollen werden erzeugt und ggf. auf vorhandene geometrische Referenzen der Baugruppe platziert.

OPTIONEN

1) Register: Konstruktion/ Berechnung
2) Kettentyp, Anzahl Kettenstränge, Kettenantrieb positionieren
3) Kettenräder/ Spannrollen bearbeiten
4) Neue Kettenräder/ Spannrollen erzeugen
5) Dateibenennung und Berechnung aktivieren/ deaktivieren

8.1.1.2 Register BERECHNUNG

INHALT

Das Register **Berechnung** ermöglicht die Verwaltung der Arbeitsbedingungen, Ketteneigenschaften und weiterer Randbedingungen.

- Rollenketten erzeugen -

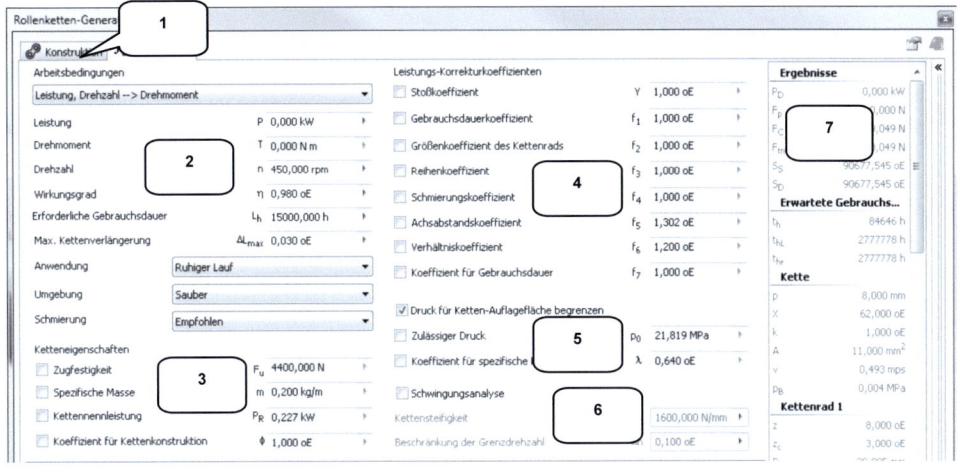

OPTIONEN

1) Register: Konstruktion/ Berechnung
2) Berechnungstyp, Arbeitsbedingungen
3) Ketteneigenschaften
4) Leistung-Korrekturkoeffizienten

5) Auflageflächendruck
6) Schwingungsanalyse
7) Ergebnisberechnung

8.1.2 Konstruktion der Antriebskette

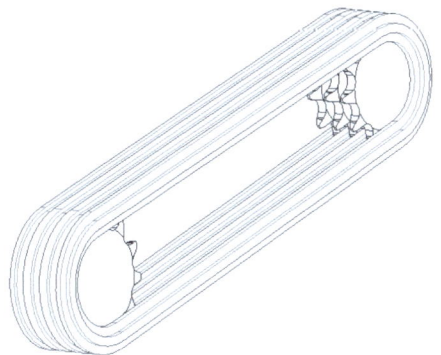

Ein **Kettenantrieb** besteht aus einer Rollenkette, Kettenrädern und eventuell einem Kettenspanner. Kettenantriebe sind wartungsarm, aufgrund ihrer Beschaffenheit sehr langlebig, weniger geräuscharm als ein Zahnriemenantrieb und müssen regelmäßig geölt/ gefettet werden. Der Austausch eines Kettenantriebes ist (je nach Belastung) relativ selten erforderlich.

Die **Antriebskette** sollte sehr stabil ausgeführt werden, was durch eine höhere Anzahl an Kettensträngen erreicht werden kann. Aufgrund des kurzen Übertragungsweges ist die Verwendung eines Kettenspanners nicht vorgesehen.

- Rollenketten erzeugen -

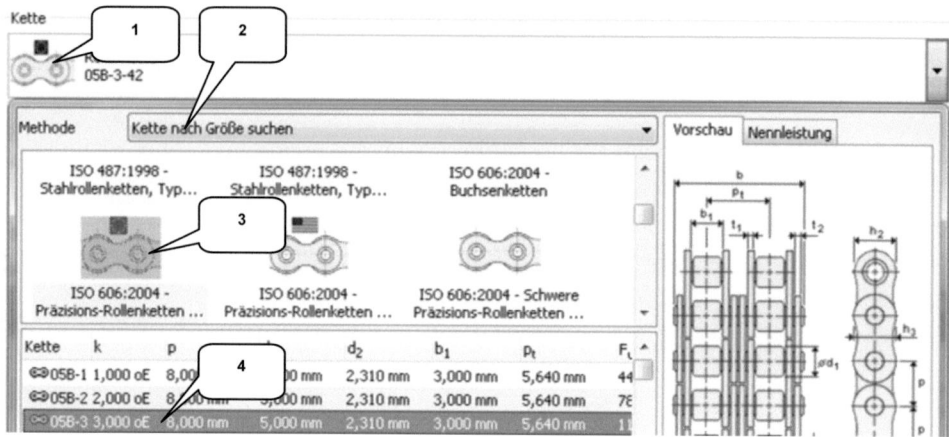

Klicken Sie auf das ⊙⊙ **Kettensymbol** (1), um den passenden Kettentyp auszuwählen. Im neu geöffneten Auswahlfenster sollte die Methode **Kette nach Größe suchen** (2) aktiviert sein. Wählen Sie den Kettentyp **ISO 606:2004 – Präzisions-Rollenketten mit kurzer Teilung (EU)** (3) aus und aktivieren Sie in der darunterliegenden Tabelle den Typ **05B-3** (4). Die Auswahl kann durch einen Klick auf das ☑ **Symbol** bestätigt werden.

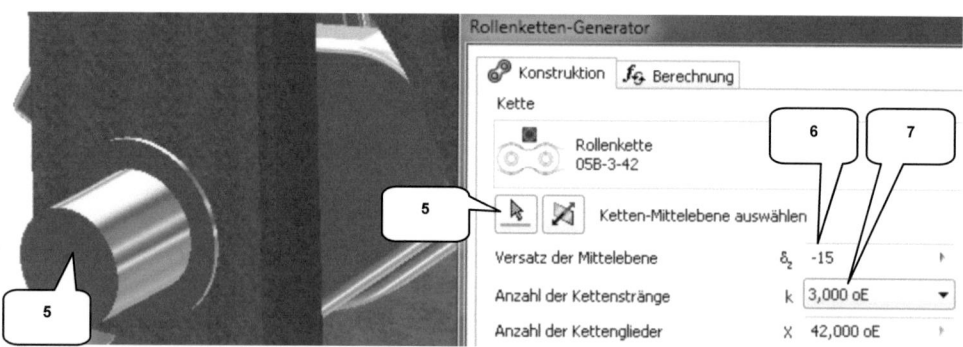

Drehen Sie die gesamte Ansicht auf die Seite der Kupplung (**ViewCube-Ansicht**: **VORNE**) und wählen Sie als ▷ **Referenz** für die **Ketten-Mittelebene** die markierte Seitenfläche der Kurbelwelle (5).

Im Eingabefeld **Versatz der Mittelebene** muss der Wert **-15 mm** (6) eingetragen werden, und im Eingabefeld **Anzahl der Kettenstränge** sollte der Wert **3** (7) bereits voreingestellt sein. Die **Anzahl der Kettenglieder** berechnet das Programm eigenständig, daher ist hier keine Eingabe möglich.

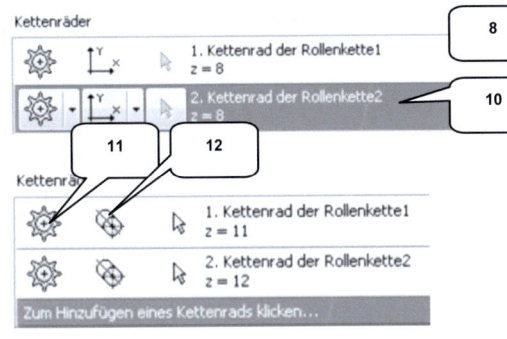

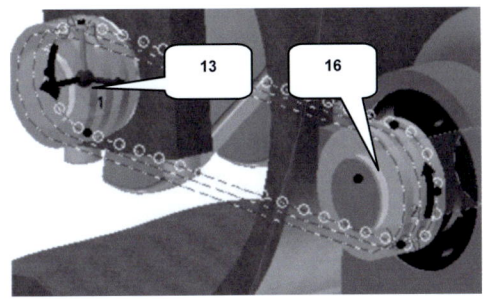

Im Fenster **Kettenräder** (8) sollten, je nach Voreinstellung des Programms, bereits zwei Zeilen angezeigt werden. Sollten es mehr sein, entfernen Sie alle bis auf die ersten zwei. Hierfür ist die jeweilige Zeile zu aktivieren und dann auf das Symbol **Löschen** (9) zu klicken. Beide Kettenräder müssten als Typ **Kettenrad der Rollenkette** (10) vorgegeben sein.

Starten Sie mit der Bearbeitung des ersten Kettenrades. Ganz links in der **Kettenrad-Geometrieoption** (11) ist die Option **Komponente** (gelbes Zahnrad-Symbol) zu aktivieren, und rechts daneben muss die **Feste Position über ausgewählte Geometrie** (12) (gelbes Zylinder-Symbol) ausgewählt werden. Als geometrische **Referenz** ist für das erste Kettenrad die Zylinderfläche der Kurbelwelle (13) zu verwenden.

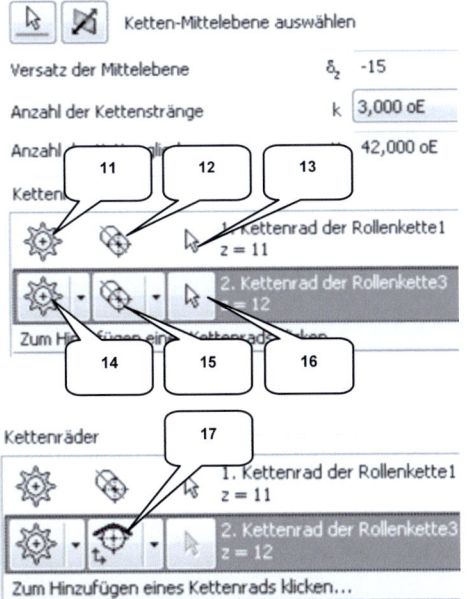

Für das zweite Kettenrad sind ebenfalls die beiden Einstellungen **Komponente** (14) und **Feste Position über ausgewählte Geometrie** (15) zu übernehmen. Als **Referenz** ist diesem Kettenrad die Mantelfläche der Kupplungswelle (16) zuzuweisen. Die Option **Feste Position über ...** des zweiten Kettenrades muss danach auf **Frei verschiebbare Position** (17) geändert werden.

- Rollenketten erzeugen -

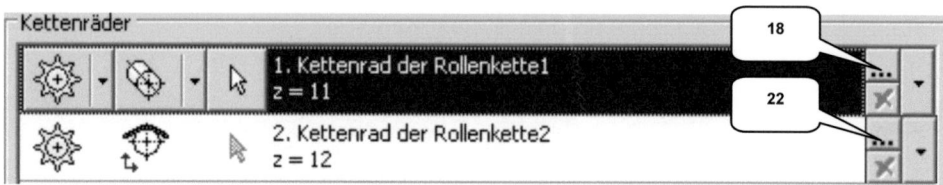

Aktivieren Sie die erste Zeile und starten Sie die ⊡ **Bearbeitung** (18) des ersten Kettenrades. Aktivieren Sie die Option **Bewegung im Uhrzeigersinn** (19), geben Sie für die Anzahl der Zähne den Wert **11** (20) ein und wählen Sie die **Theoretische Zahnform** (21). Das Fenster kann danach bereits wieder geschlossen werden (OK **OK**).

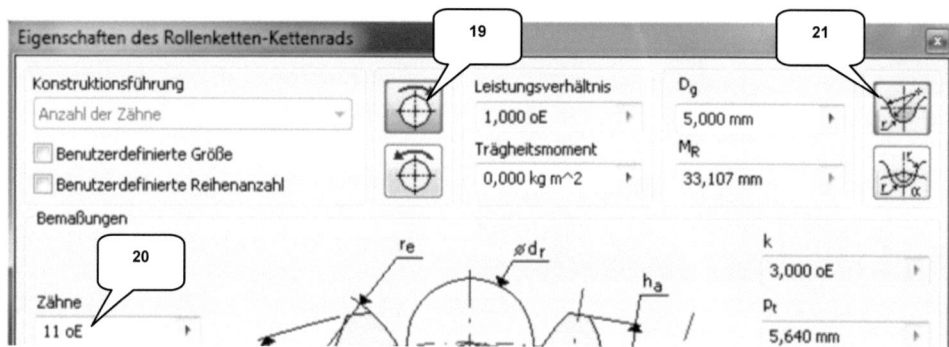

Starten Sie die ⊡ **Bearbeitung** (22) des zweiten Kettenrades (Zeile vorher markieren) und wählen Sie die Konstruktionsführung **Anzahl der Zähne** (23). Aktivieren Sie auch hier die Option **Bewegung im Uhrzeigersinn** (24), geben Sie für die Anzahl der Zähne den Wert **12** (25) ein und wählen Sie die **Theoretische Zahnform** (26). Beenden Sie die Bearbeitung des Zahnrades mit OK **OK** und wechseln Sie im Anschluss daran ins Register f_x Berechnung **Berechnung**, um hier die Berechnen **Berechnung** zu starten, das Befehlsfenster danach mit OK **OK** zu bestätigen und die Baugruppe zu **speichern**.

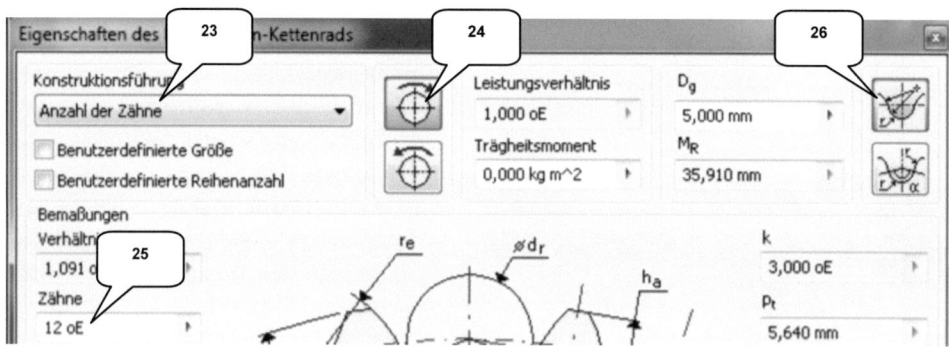

8.1.3 Kettenantrieb mit Bewegungsabhängigkeiten versehen

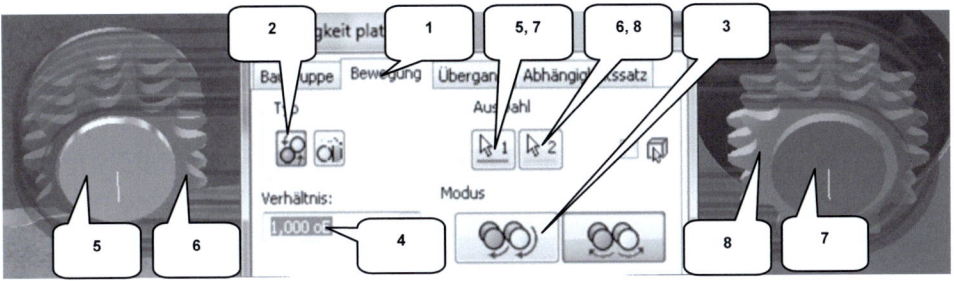

Auch Kettenantriebe werden vom Programm nicht automatisch als flexible Baugruppen erzeugt, was manuell nachgeholt werden muss. Markieren Sie den Kettenantrieb und aktivieren Sie die Option **Flexibel** im Kontextmenü der **rechten Maustaste**.

Um den Kraftfluss von der Kurbelwelle über die Rollenkette auf die Kupplung und damit das Getriebe übertragen zu können, muss auch hier eine Bewegungsabhängigkeit erzeugt werden. Starten Sie den Befehl **Abhängig machen** und öffnen Sie das Register **Bewegung** (1). Aktivieren Sie den Typ **Drehung** (2), den Modus **Vorwärts** (3), das Übersetzungsverhältnis **1:1** (4) und erzeugen Sie eine Bewegungsabhängigkeit zwischen der Kurbelwelle (5) und dem darauf angeordneten Kettenrad (6). Wiederholen Sie den Befehl und erzeugen Sie eine Bewegungsabhängigkeit zwischen der Kupplung (7) und dem darauf angeordneten Kettenrad (8). Danach dürfte sich weder der Kurbeltrieb noch das Getriebe per Hand drehen lassen.

8.1.4 Animation des gesamten Bewegungsapparates

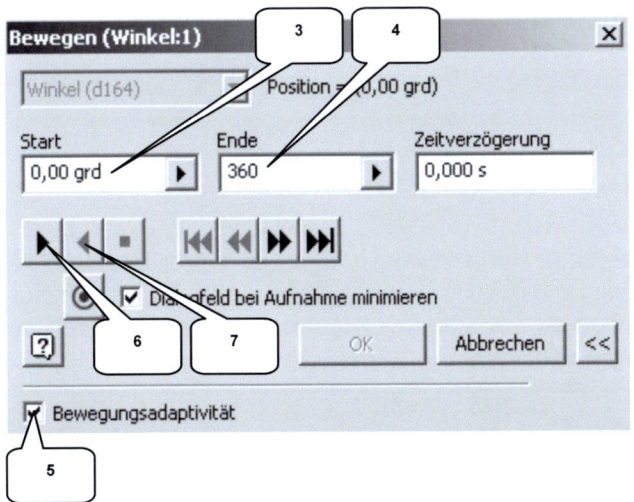

Weil die Nockenwelle mit einer **Winkelabhängigkeit** versehen und damit gesperrt wurde, lässt sich der Kurbeltrieb nicht drehen, was sich jetzt auch auf das Getriebe überträgt.

Mithilfe dieser Winkelabhängigkeit soll der gesamte Mechanismus animiert werden.

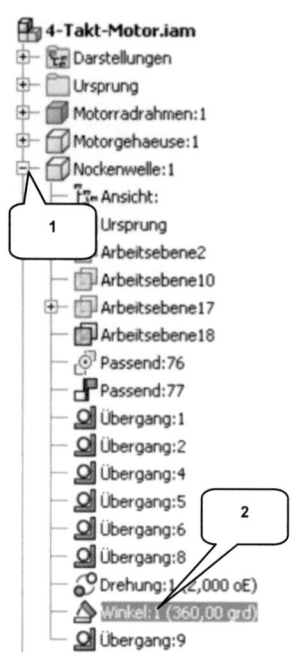

Klappen Sie im Browser das Bauteil **Nockenwelle.ipt** (1) auf, klicken Sie mit der **rechten Maustaste** auf die enthaltene **Winkelabhängigkeit** (2) und wählen Sie im Kontextmenü die Option **Bewegen**.

Im neu geöffneten Eingabefenster sind der Startwinkel auf **0°** (3) und der Endwinkel auf **360°** (4) festzulegen und die Option **Bewegungsadaptivität** (5) zu aktivieren. Die Animation kann jetzt mit ▶ **Vorwärts** (6) gestartet werden (alternativ ◀ **Rückwärts** (7)).

Der gesamte Kurbeltrieb und alle Komponenten des Getriebes, sollten sich zu den festgelegten Abhängigkeiten bewegen.

Der Befehl kann nach Ablauf der Animation **beendet** und die Baugruppe **gespeichert** werden.

8.1.5 Konstruktion der Rollenkette für die Gangschaltung

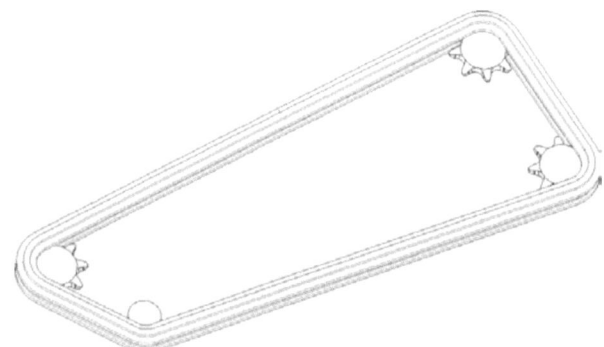

Die Konstruktion der **Rollenkette** für die Gangschaltung ist etwas komplexer. Zwar wird diese Rollenkette aufgrund ihrer geringen Belastung weitaus filigraner ausfallen, dennoch müssen hier im Gegensatz zur Antriebskette vier statt zwei Kettenräder verwendet werden, um die Kette durch das Getriebe führen zu können.

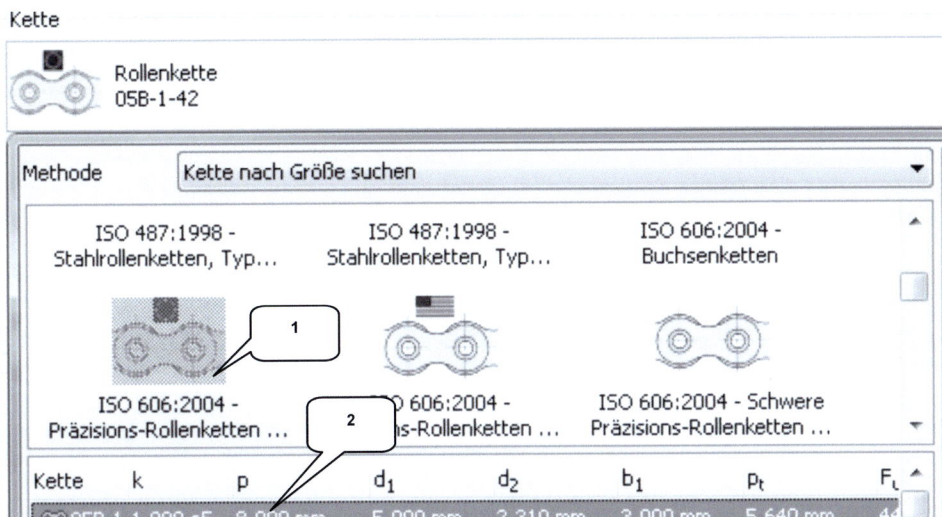

Starten Sie den ⌀ Rollenketten-Generator, wählen Sie den ⌀ **Kettentyp ISO 606:2004 – Präzisions-Rollenketten mit kurzer Teilung (EU)** (1) und aktivieren Sie in der Tabelle darunter in der ersten Zeile den Typ **05B-1** (2). Das Fenster kann anschließend ☑ **beendet** werden.

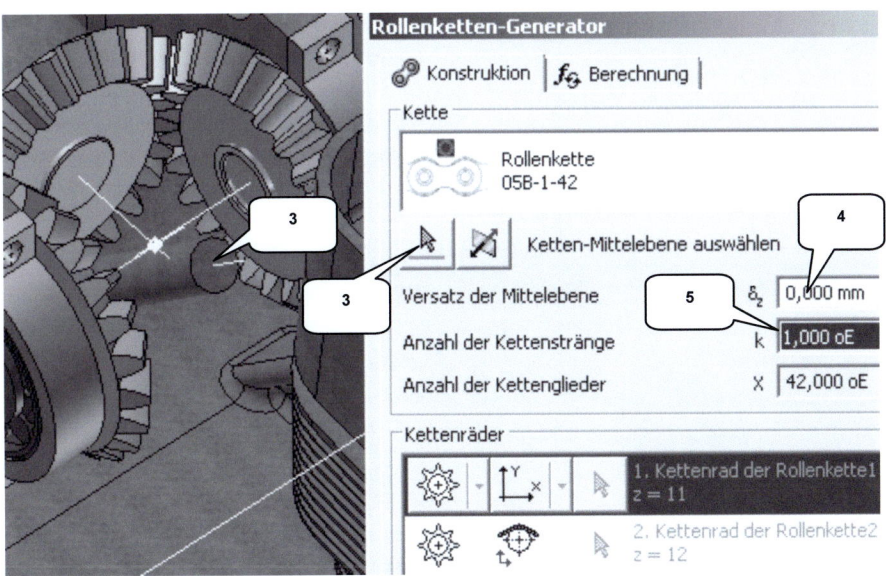

Als ▸ **Ketten-Mittelebene** ist die markierte Stirnfläche des Zylinders im Getrieberaum (3) zu verwenden. Der **Versatz der Mittelebene** soll **0 mm** (4) und die **Anzahl der Kettenstränge 1** (5) betragen. Weiterhin sollten bereits zwei Kettenräder voreingestellt sein. Verwenden Sie die Schaltfläche **Zum Hinzufügen eines Kettenrades klicken...** (6), um ein drittes **vorhandenes Kettenrad der Rollenkette** (7) zu erzeugen. Klicken Sie die Schaltfläche erneut, um weiterhin eine **flache Spannrolle** (8) einzufügen. Insgesamt sollten jetzt drei Kettenräder und eine Spannrolle zu sehen sein (9).

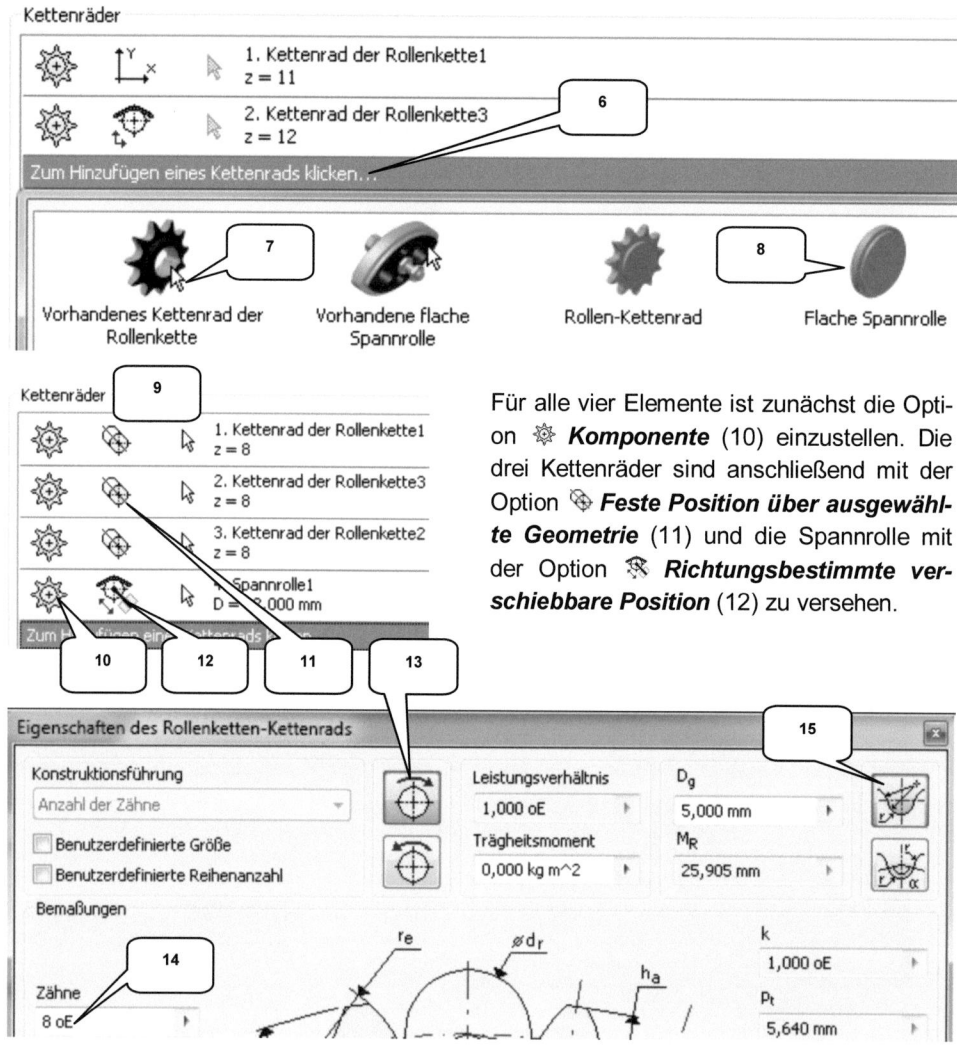

Für alle vier Elemente ist zunächst die Option ✲ **Komponente** (10) einzustellen. Die drei Kettenräder sind anschließend mit der Option ▸ **Feste Position über ausgewählte Geometrie** (11) und die Spannrolle mit der Option ▸ **Richtungsbestimmte verschiebbare Position** (12) zu versehen.

- Rollenketten erzeugen -

Starten Sie die ... **Bearbeitung** des ersten Kettenrades. Aktivieren Sie die Option **Bewegung im Uhrzeigersinn** (13), geben Sie für die Anzahl der Zähne den Wert **8** (14) ein und wählen Sie die **Theoretische Zahnform** (15), um die Eingaben anschließend mit OK **OK** zu bestätigen. Beginnen Sie danach mit der Bearbeitung der anderen beiden Kettenräder, wobei alle Einstellungen vom ersten Kettenrad übernommen werden können.

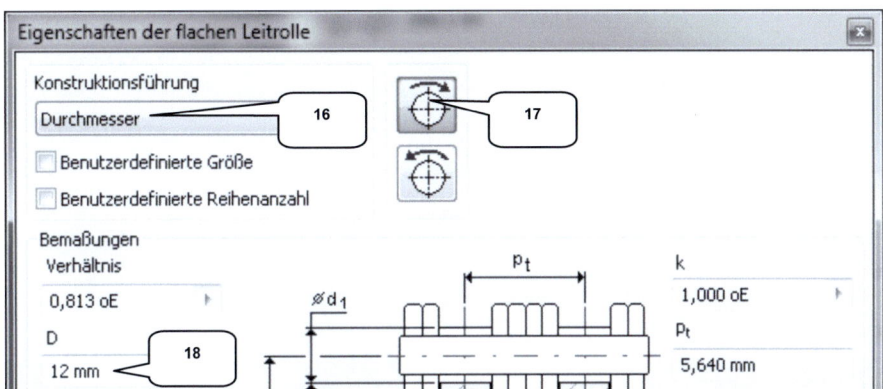

Im Anschluss daran ist die ... **Bearbeitung** der flachen Spannrolle zu starten. Ändern Sie die Konstruktionsführung auf **Durchmesser** (16), die Bewegung auf **Im Uhrzeigersinn** (17) und den **Durchmesser** auf **12 mm** (18).

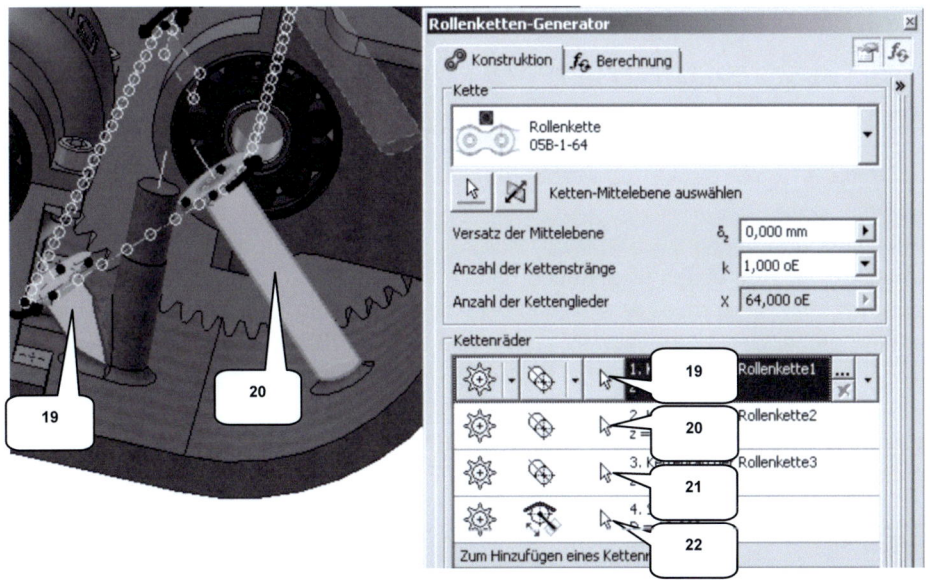

- 106 -

Als ▸ **Referenzen** für die beiden ersten Kettenräder sind die markierten zylindrischen Flächen des Motorgehäuses (19, 20) auf der Seite der Kupplung zu verwenden. Als ▸ **Referenz** für das dritte Kettenrad ist die markierte zylindrische Fläche (21) des Motorgehäuses auf der Seite der Kegelräder zu aktivieren. Als ▸ **Referenz** für die Spannrolle ist die markierte Ebene (22) auf derselben Seite des Motorgehäuses zu verwenden.

HINWEIS: Die Auswahl der Ebene (22) als Referenzobjekt der Spannrolle ist zwingend notwendig, um die Berechnung der benötigten Kettenlänge zu ermöglichen. Das Programm kann die genaue Anzahl der Kettenglieder damit frei definieren.

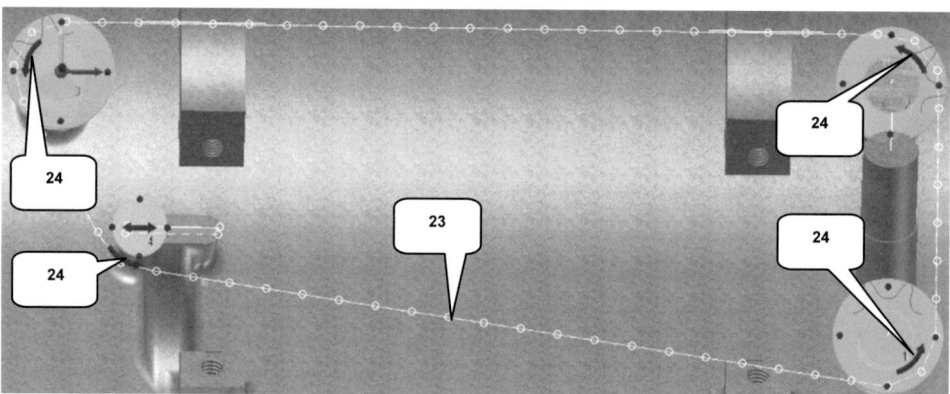

Kettenräder und Spannrolle wurden positioniert, jetzt sollte der Verlauf der Kette (23) kontrolliert werden, die außen über Ketten und Spannrolle geführt werden müsste (die obere Abbildung zeigt die korrekte Ausrichtung der Kette). Sollte die Kette an einem der Kettenräder oder an der Spannrolle verdreht angeordnet sein, ist dies zu korrigieren: Klicken Sie in diesem Fall auf den ↘ **gebogenen Pfeil** (24), um die Lage der Kette umzukehren.

Ändern Sie den Verlauf der Kette, bis ihre Lage, so wie in der oberen Abbildung dargestellt, erreicht wurde. Wechseln Sie anschließend ins Register ƒ₀ Berechnung **Berechnung**, starten Sie dort die [Berechnen] **Berechnung** der Kettenlänge, und bestätigen Sie den Befehl mit [OK] **OK**.

Der neue Kettenantrieb muss danach als **Flexibel** gekennzeichnet (*rechte Maustaste > Flexibel*) und die gesamte Baugruppe **gespeichert** werden.

8.1.6 Kettenschaltung mit Schalthebel und Kegelradpaar versehen

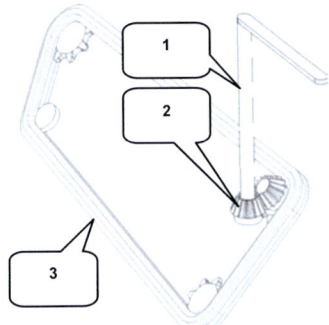
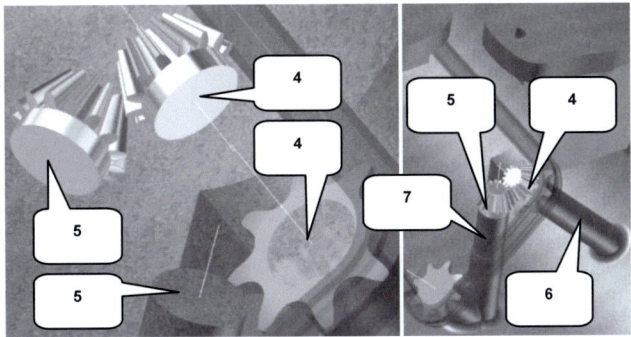

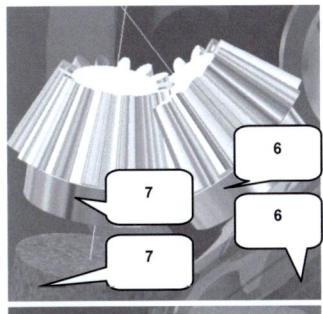

Zur Betätigung der Kettenschaltung muss ein verlängerter Ganghebel (1) in die Baugruppe eingefügt werden. Er soll aus dem Getrieberaum heraus ragen, und bei Betätigung die Drehbewegung über ein Kegelradgetriebe (2) an die Rollenkette (3) der Gangschaltung weitergeben.

Platzieren Sie aus dem Projektordner das Bauteil *Ganghebel.ipt* einmal und das Bauteil *Gangschaltung-Kegelrad.ipt* insgesamt zweimal in der Baugruppe.

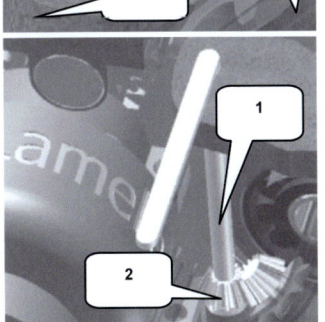

Verbinden Sie die beiden Kegelräder mit dem Motorgehäuse. Setzen Sie zwei Abhängigkeiten (**Abhängig machen**), um die Flächen (4) und (5) der Kegelräder mit den zugehörigen Flächen des Motorgehäuses zu verbinden.

Setzen Sie zwei axiale Abhängigkeiten, um die Achsen der Kegelräder (6, 7) mit den zugehörigen Achsen des Motorgehäuses zu verbinden.

- Rollenketten erzeugen -

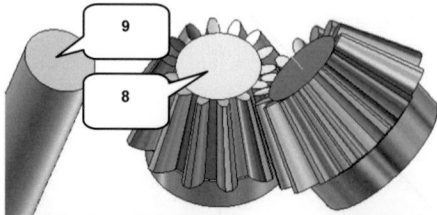

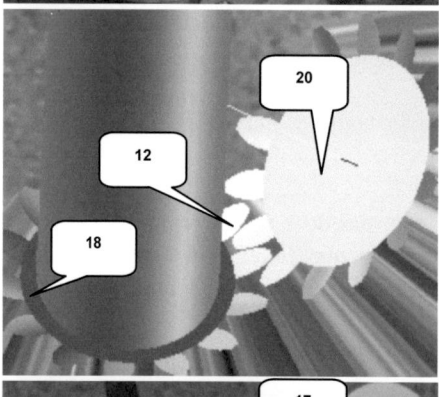

Im Anschluss daran sollen Ganghebel (1) und Kegelrad (2) miteinander verbunden werden. Setzen Sie eine Abhängigkeit, um die Stirnfläche des Kegelrades (8) mit der markierten Fläche des Ganghebels (9) zu verbinden und setzen Sie eine weitere Abhängigkeit, um die Längsachse des Ganghebels (10) mit der Rotationsachse des Kegelrades (11) zu verbinden.

Sobald der Ganghebel an der vorgesehenen Position befestigt wurde, müssen die beiden Kegelräder so gedreht werden, dass ihre Zähne kollisionsfrei ineinandergreifen (12). Um die einzelnen Komponenten auch in der Bewegung voneinander abhängig machen zu können, sind drei weitere Bewegungsabhängigkeiten zu erzeugen.

Die erste Bewegungsabhängigkeit soll zwischen Ganghebel und Kegelrad erzeugt werden. Übernehmen Sie die folgenden Einstellungen: Register **Bewegung** (13), Typ **Drehung** (14), Modus **Vorwärts** (15), **Verhältnis** 1:1 (16), **Auswahl 1**: Fläche Ganghebel (17) und **Auswahl 2**: Fläche Kegelrad (18).

Die zweite Bewegungsabhängigkeit soll zwischen Kegelrad und Kegelrad erzeugt werden. Übernehmen Sie die folgenden Einstellungen: Register **Bewegung** (13), Typ **Drehung** (14), Modus **Rückwärts** (19), **Verhältnis** 1:1 (16), **Auswahl 1**: Fläche Kegelrad (18) und **Auswahl 2**: Fläche Kegelrad (20).

Die dritte Bewegungsabhängigkeit soll zwischen Kegelrad und Kettenrad erzeugt werden. Übernehmen Sie die folgenden Einstellungen:

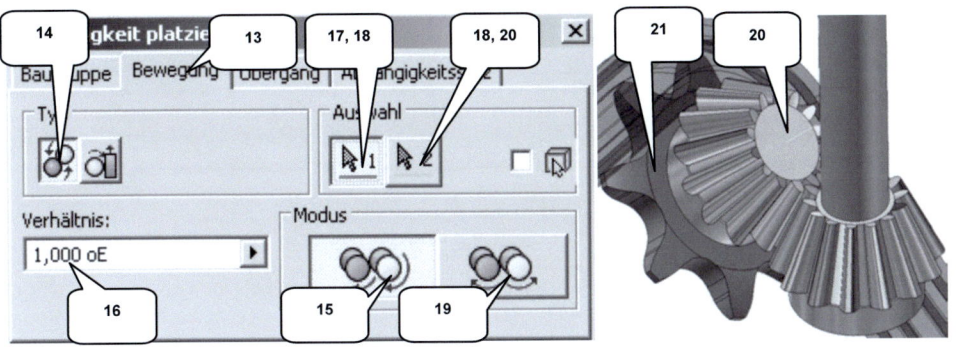

Register: **Bewegung** (13), Typ: **Drehung** (14), Modus: **Vorwärts** (15), **Verhältnis**: 1:1 (16), **Auswahl 1**: Fläche Kegelrad (20) und **Auswahl 2**: Fläche Kettenrad (21). Wenn Sie den Ganghebel jetzt etwas drehen, sollten sich Kegelräder und Kettenräder der Gangschaltung ebenfalls bewegen. **Speichern** Sie die Baugruppe danach.

9 Keilwellenverbindungen

9.1 Konstruktion einer Keilwellenverbindung

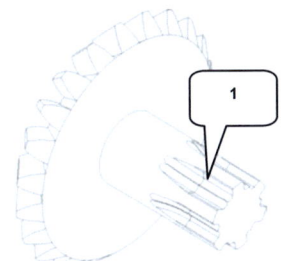

Um Kräfte und Drehmomente von einer Welle auf eine Nabe übertragen zu können, müssen beide Bauteile form- oder kraftschlüssig miteinander verbunden werden. Sind die zu erwartenden Kräfte und Drehmomente groß, oder werden schlagende Bewegungen erwartet, finden oft **Keilwellenverbindungen** (1) Anwendung. Welle und Nabe werden hierbei formschlüssig aneinander angepasst, wobei die Nabe mehrere hochstehende Keile erhält und die Welle mit den passenden Aussparungen versehen wird.

9.1.1 Befehlsgrundlagen KEILWELLEN-GENERATOR

Der **Keilwellen-Generator** (1) ermöglicht die konstruktive Veränderung von Welle-Nabe-Verbindungen durch Hinzufügen einer Keilwellen-Verbindung. Die Bearbeitung einzelner Elemente (nur Welle oder nur Nabe) ist ebenfalls möglich.

- Konstruktion einer Keilwellenverbindung -

9.1.1.1 Register KONSTRUKTION

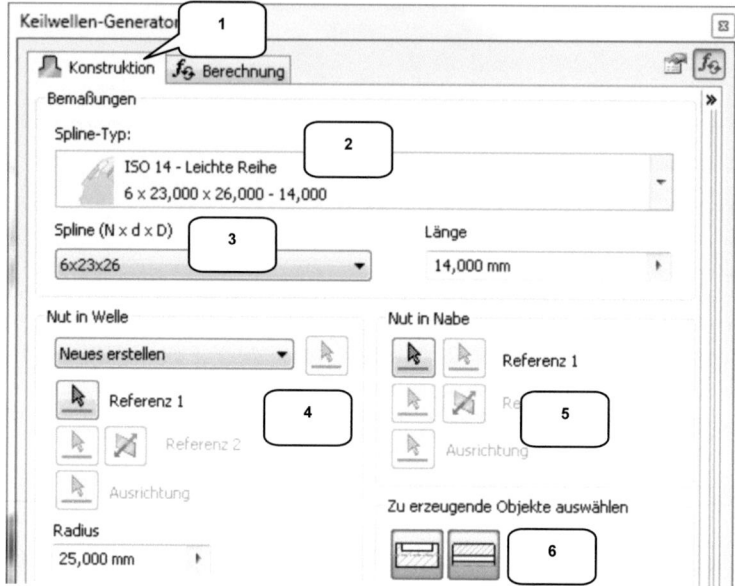

INHALT

Im Register **Konstruktion** wird der Keilwellen-Typ festgelegt, die geometrischen Abmessungen definiert und Referenzen definiert.

OPTIONEN

1) Register: Konstruktion/ Berechnung
2) Keilwellentyp
3) Keilwellen-Maße
4) Referenzen für Welle

5) Referenzen für Nabe
6) Welle und Nabe oder einzeln
7) Dateibenennung/ Berechnung aktivieren/ deaktivieren

9.1.1.2 Register BERECHNUNG

INHALT

Das Register **Berechnung** ermöglicht die Auswahl der Festigkeitsberechnung, eine Definition der Belastungen, Bemaßungen, Verbindungseigenschaften und Materialien von Welle und Nabe.

- Konstruktion einer Keilwellenverbindung -

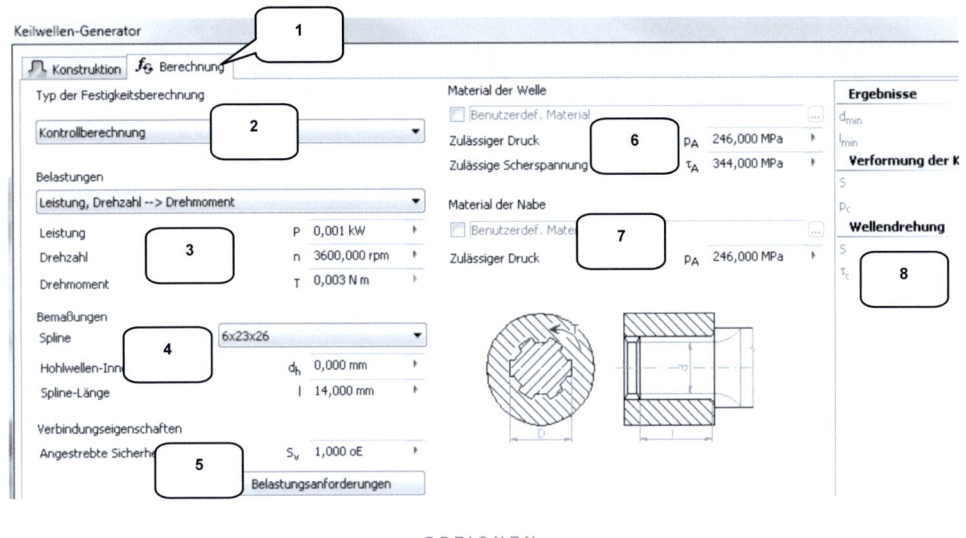

OPTIONEN

1) Register: Konstruktion/ Berechnung
2) Typ der Festigkeitsberechnung
3) Belastungen
4) Bemaßungen
5) Verbindungseigenschaften
6) Wellenmaterial
7) Nabenmaterial
8) Berechnungsergebnisse

9.1.2 Erzeugen einer Keilwellenverbindung an der Getriebeausgangswelle

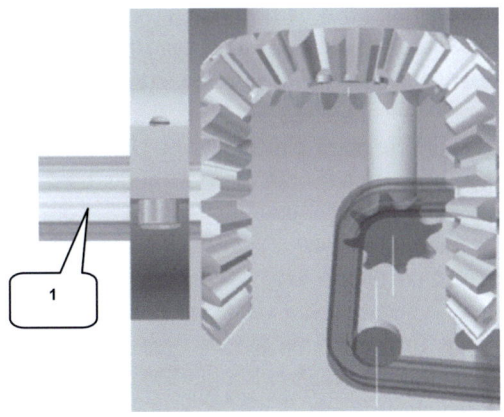

Das Bauteil **Kegelrad.ipt** besitzt an seiner Rückseite einen kurzen Wellenabschnitt (1), der den Kraftfluss aus dem Getriebe leitet.

In der folgenden Übung soll dieser Wellenabschnitt mit einer Keilwellenverbindung versehen werden.

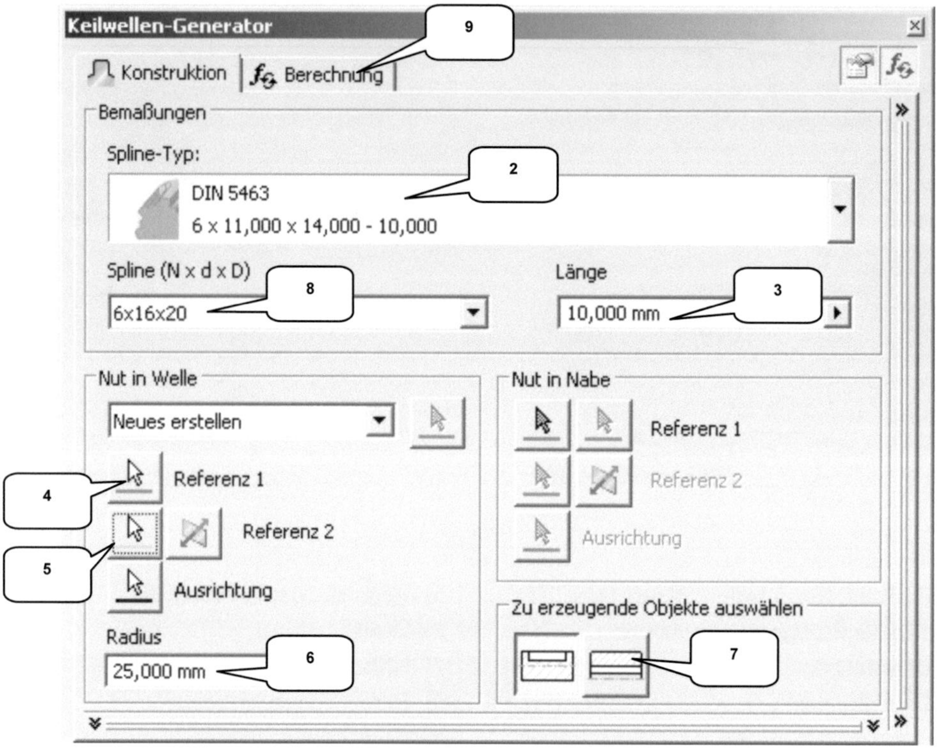

- Konstruktion einer Keilwellenverbindung -

Klicken Sie ins Feld **Spline-Typ** (2), wählen Sie die Norm **DIN** und aktivieren Sie die **DIN 5463**. Die Länge der Nut ist mit **10 mm** (3) festzulegen, als **Referenz 1** ist die Zylinderfläche des Kegelrades (4) zu wählen und als **Referenz 2** die Stirnfläche der Welle (5). Übernehmen Sie den vorgegebenen Radius **25 mm** (6) und deaktivieren Sie die Option **Nut in Nabe** (7). Im Feld **Spline** sollte jetzt die Größe **6x16x20** (8) aktiviert werden. Wechseln Sie ins Register **Berechnung** (9) und starten Sie die Berechnen **Berechnung**. Bestätigen Sie die Eingaben im Befehlsfenster mit OK **OK** und bestätigen Sie auch das Fenster **Dateibenennung** mit OK **OK**. **Speichern** Sie die Baugruppe abschließend.

10 Gestellgenerator

10.1 Der Motorradrahmen

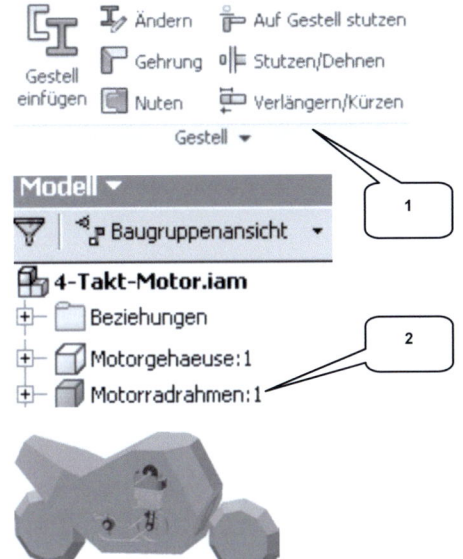

Für Rahmen- und Profilkonstruktionen hält das Programm die Befehlsgruppe **Gestell** (1) bereit. Anhand vorhandener Referenzobjekte (Linien, Punkte, Kanten), können komplexe Rahmengestelle konstruiert werden. Das Programm greift hierbei auf Profile aus dem Inhaltscenter zurück. Jedes Profil wird als separates Bauteil erstellt und kann jederzeit abgeleitet oder bearbeitet werden.

Klicken Sie im Browser auf das Bauteil **Motorradrahmen.ipt** (2) und aktivieren Sie dessen Sichtbarkeit (*rechte Maustaste > Sichtbarkeit*). Darin finden Sie einen Volumenkörper, dessen Kanten als Referenzen verwendet werden sollen.

10.1.1 Befehlsgrundlagen GESTELL-GENERATOR

Mit dem **Gestell-Generator** (1) können Profilelemente aus dem Inhaltscenter in die Baugruppe importiert werden. Als Referenzen dienen wahlweise Linien, Punkte oder Körperkanten.

OPTIONEN

1) Profilelement für Gestell wählen
2) Ausrichtung des Profils
3) Referenztyp (Punkte/ Kanten) und Auswahl der Referenzen

4) Dateinummer und Bauteilname automatisch aus dem Inhaltscenter abrufen

- Der Motorradrahmen -

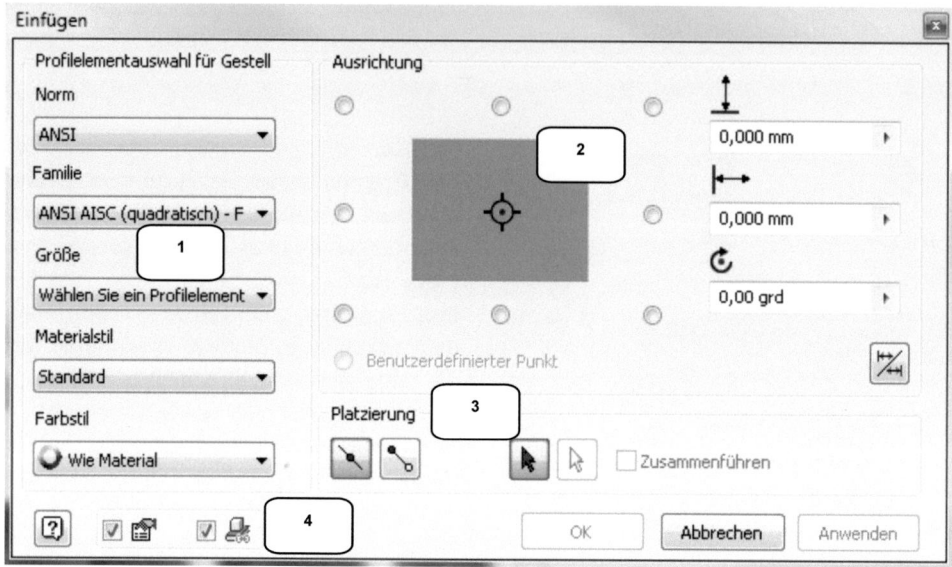

10.1.2 Motorradrahmen und Räder als Gestell erzeugen

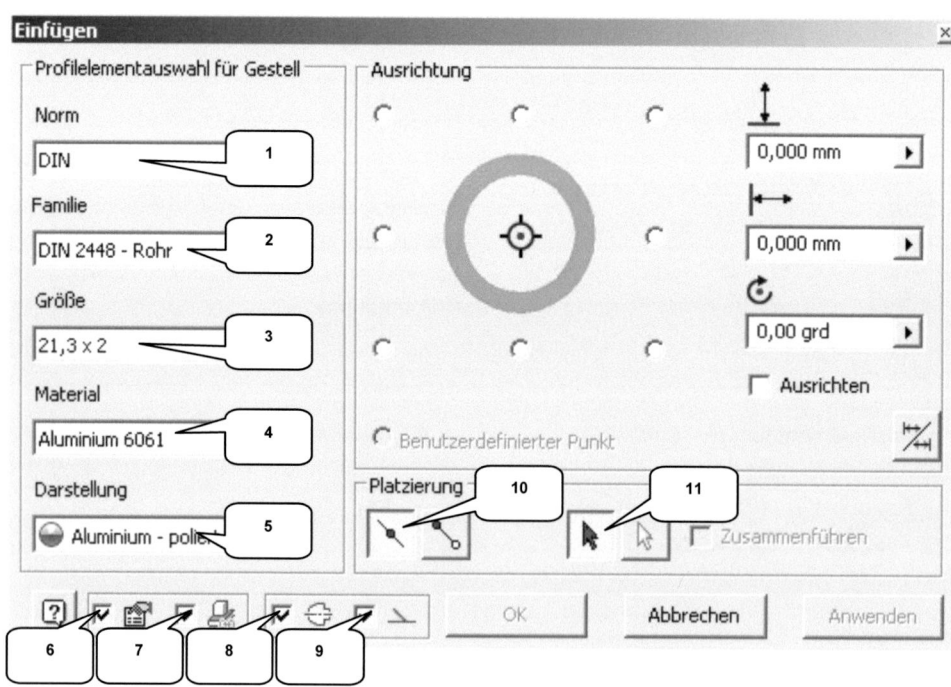

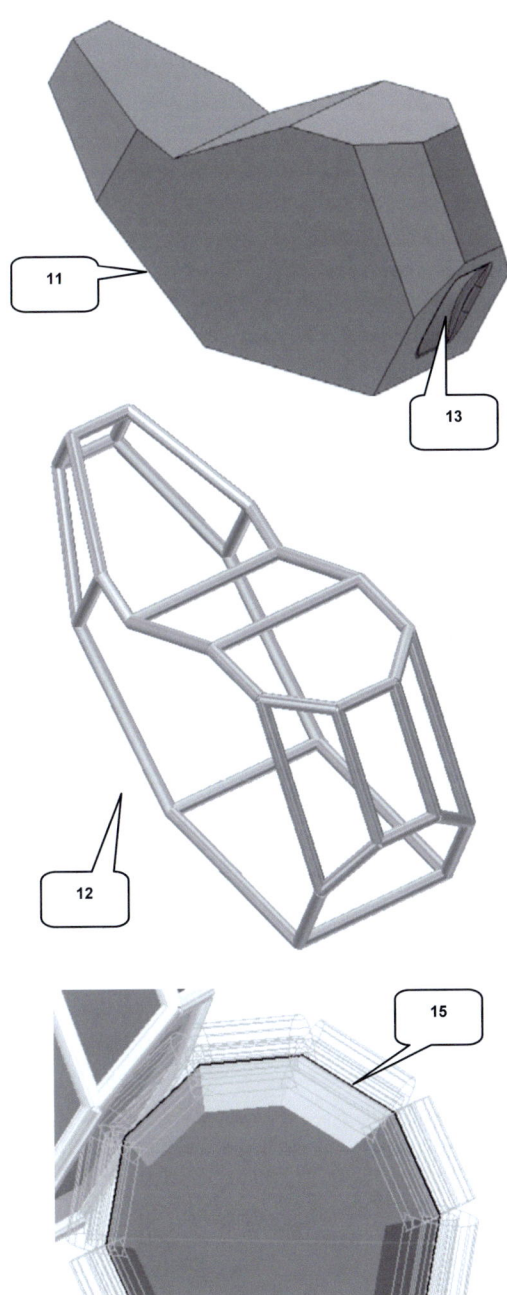

Wählen Sie im Gestell-Generator die Norm **DIN** (1), die Familie **DIN 2448 - Rohr** (2), die Größe **21,3 x 2** (3), das Material **Aluminium 6061** (4) und die Farbe **Aluminium poliert** (5). Aktivieren Sie die vier Kästchen (6...9) und aktivieren Sie den Platzierungstyp **Profilelemente auf Kante einfügen** (10).

Wählen Sie jetzt nacheinander die **Referenzkanten** des mittleren Volumenkörpers (11), bis alle Kanten mit einem Rohr versehen wurden (siehe Abbildung (12)). Die Aussparungen (13) sind nicht zu verwenden.

Sobald alle markierten Kanten bei Ihnen mit der nebenstehenden Abbildung übereinstimmen (der Volumenkörper wurde hier ausgeblendet), kann eine erste Berechnung des Rahmenmodells durch **Anwenden Anwenden** gestartet werden.

Sobald die sich daraufhin öffnenden Fenster durch **OK** OK bestätigt wurden, startet das Programm mit der Berechnung, was einige Zeit in Anspruch nehmen kann.

Wurde das Gestell vollständig berechnet, kann mit der Konstruktion der Räder begonnen werden. Übernehmen Sie alle Einstellungen aus Abbildung (14) und wählen Sie als **Referenzkanten** nacheinander die Außenkanten von Vorder- und Hinterrad (15).

Bestätigen Sie abschließend mit **OK** OK.

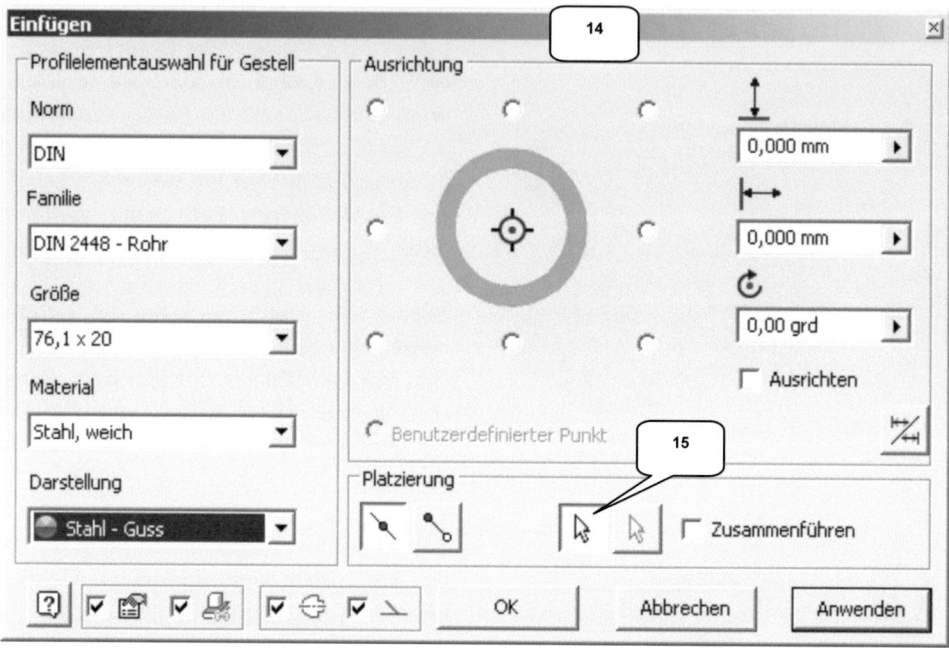

Verlassen Sie kurzzeitig die Bearbeitung des Rahmens (Zurück), um das Bauteil *Motorradrahmen.ipt* auszublenden (*rechte Maustaste > Sichtbarkeit*). Um zurück in den Bearbeitungsbereich des Rahmens zu gelangen (dieser wird als eigenständige Baugruppe erzeugt), doppelklicken Sie auf die Baugruppe *Frame0001.iam* im Browser. Die Baugruppe sollte jetzt erst einmal **gespeichert** werden.

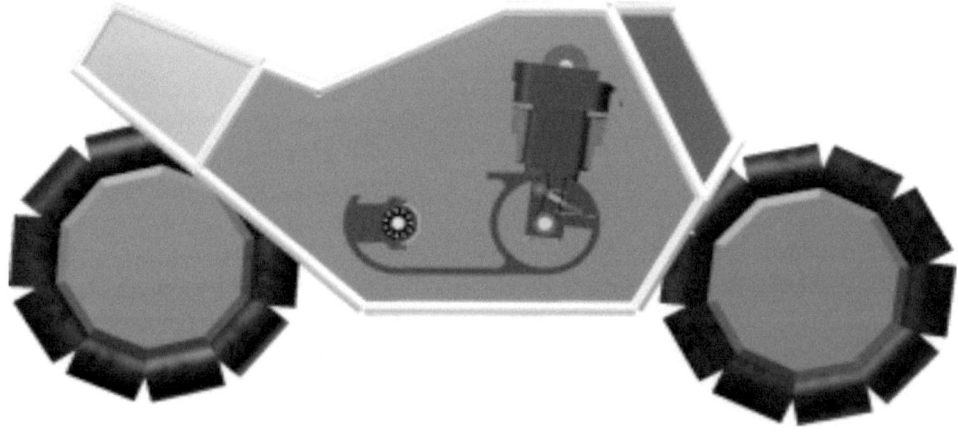

10.1.3 Befehlsgrundlagen GEHRUNG

Treffen Profile aus dem Gestell-Generator aufeinander (z. B. an deren Enden), können Sie z. B. mit dem Befehl *Gehrung* (1) aneinander angepasst werden.

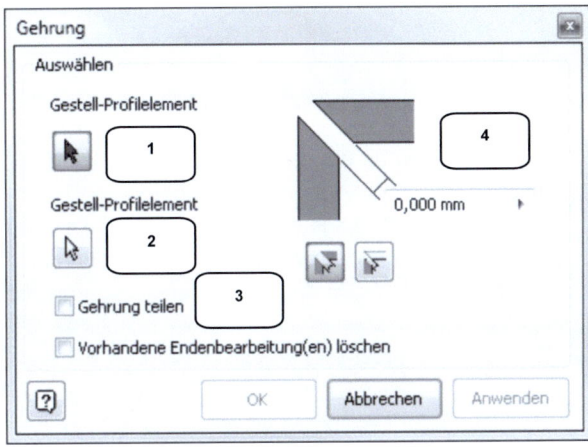

OPTIONEN

1) Erstes Profilelement
2) Zweites Profilelement
3) Gehrung teilen, vorhandene Bearbeitungen löschen
4) Abstand und Ausrichtung des Schnittes

10.1.4 Rohrsegmente aneinander anpassen

Wählen Sie als erste **Referenz** das Rohr (1) und als zweite **Referenz** das Rohr (2). Aktivieren Sie die Optionen **Gehrung teilen** (3) und **Gehrungsschnitt auf beiden Seiten** (4) und tragen Sie den Abstand **0 mm** ein (5). Bestätigen Sie die Auswahl durch **Anwenden**.

Das Programm errechnet den optimalen Zuschnitt und bearbeitet beide Rohre. Wiederholen Sie den Befehl an den restlichen Schnittstellen beider Räder.

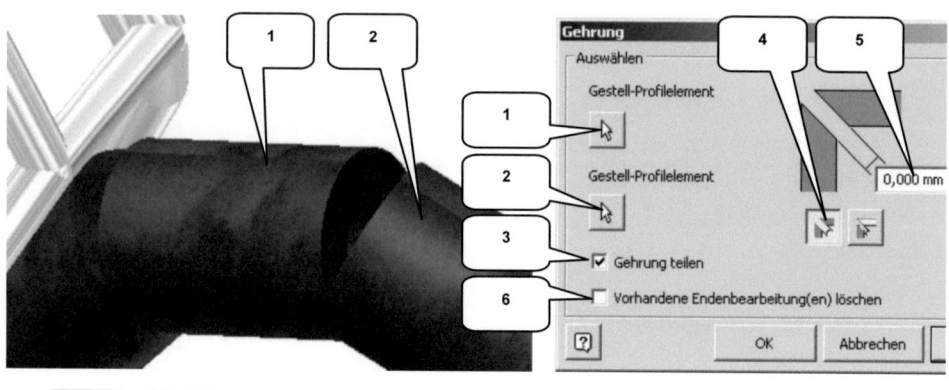

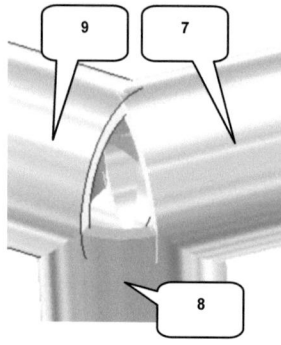

Wurden die restlichen Überschneidungen der Räder angepasst, kann auch der Rahmen bearbeitet werden. Hier gibt es allerdings eine Besonderheit: Es treffen nicht nur zwei, sondern jeweils drei Rohre aufeinander. An jeder Schnittstelle muss der Befehl daher auch dreimal ausgeführt werden. Starten Sie bei einer beliebigen Ecke des Motorradrahmens und beginnen Sie dort mit der Bearbeitung. Verwenden Sie dieselben Einstellungen wie beim letzten Befehl. Besonders ist darauf zu achten, dass die Option **Vorhandene Endenbearbeitung(en) löschen** (6) deaktiviert ist.

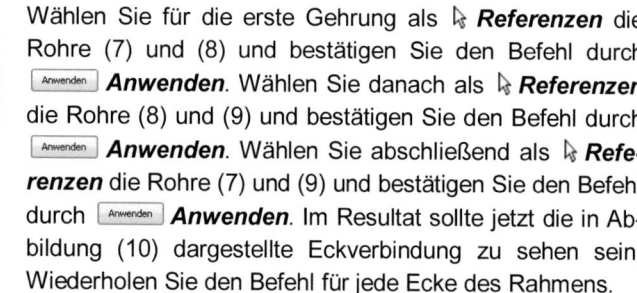

Wählen Sie für die erste Gehrung als *Referenzen* die Rohre (7) und (8) und bestätigen Sie den Befehl durch *Anwenden*. Wählen Sie danach als *Referenzen* die Rohre (8) und (9) und bestätigen Sie den Befehl durch *Anwenden*. Wählen Sie abschließend als *Referenzen* die Rohre (7) und (9) und bestätigen Sie den Befehl durch *Anwenden*. Im Resultat sollte jetzt die in Abbildung (10) dargestellte Eckverbindung zu sehen sein. Wiederholen Sie den Befehl für jede Ecke des Rahmens.

Der Bearbeitungsbereich der Baugruppe **Frame0001.iam** kann anschließend *verlassen* und die Baugruppe **gespeichert** und **geschlossen** werden.

11 Schlusswort

Der Autor des Buches hofft, dass Sie bei der Arbeit mit dem Programm und dem Übungsprojekt viel Spaß hatten. Der Inhalt des Buches wurde sorgfältig geprüft. Leider können Fehler nicht ausgeschlossen werden.

Wenn Ihnen während der Arbeit mit dem Buch Fehler auffallen sollten, oder wenn Sie Ideen zur Verbesserung des Inhaltes haben, ist Ihnen der Autor für jeden Hinweis per E-Mail dankbar. Konstruktive Anmerkungen können jederzeit an:

- *schlieder@cad-trainings.de*

gesendet werden.

Vielen Dank.

12 INDEX

A

Abschließende Arbeiten an der Antriebswelle	172
AKTIVIERUNG DES EINZELBENUTZERPROJEKTS	30
Aktivierung von Autodesk® Inventor® 2017	10
Anforderungen an das Betriebssystem	8
Animation des gesamten Bewegungsapparates	102
Anwendungsoptionen (empfohlene Einstellungen)	20
Arbeitsbereich	16

B

Befehlsgrundlagen DRUCKFEDER-GENERATOR	45
Befehlsgrundlagen GEHRUNG	118
Befehlsgrundlagen GESTELL-GENERATOR	114
Befehlsgrundlagen KEGELRÄDER-GENERATOR	90
Befehlsgrundlagen KEILWELLEN-GENERATOR	110
Befehlsgrundlagen LAGER-GENERATOR	50
Befehlsgrundlagen ROLLENKETTEN-GENERATOR	96
Befehlsgrundlagen SCHRAUBENVERBINDUNGS-GENERATOR	54
Befehlsgrundlagen STIRNRÄDER-GENERATOR	77
Befehlsgrundlagen WELLEN-GENERATOR	63
Befehlsgrundlagen ZAHNRIEMEN-GENERATOR	32
Befehlsgrundlagen ZUGFEDER-KOMPONENTEN-GENERATOR	40
Befestigung der Lagerhalterungen	54
Befestigungsflansch der Antriebswelle mit Bohrungen versehen	70
Browser	15
Browser strukturieren	53
Browser strukturieren	54

D

Der Motorradrahmen	114
DIE ERSTEN SCHRITTE	17
Download des Programms	8
Druckfeder zwischen Ventil und Zylinderkopf erzeugen	47

E

Erzeugen des Projektordners/ Herunterladen der Übungsdateien	6
Erzeugen einer geschnitten dargestellten Ansicht	44
Erzeugen einer Keilwellenverbindung an der Getriebeausgangswelle	112
Erzeugen eines Zylinderrollenlagers	52

G

GESTELLGENERATOR	114
GETRIEBEKONSTRUKTION	49
GRUNDLEGENDES ZUM BUCH	5

H

Hauptmenü	13

I

Importieren der Halterungen für die Rücklaufwelle	73
Importieren der oberen Lagerhalterungen	54
Importieren der Zahnräder für den Rückwärtsgang	84
INSTALLATION VON AUTODESK® INVENTOR® 2017	7
Installation von Autodesk® Inventor® 2017	10
Installationsvoraussetzungen	9

K

KEILWELLENVERBINDUNGEN	110
Kettenantrieb mit Bewegungsabhängigkeiten versehen	102
Kettenschaltung mit Schalthebel und Kegelradpaar versehen	108
KOMPLETTIERUNG DES KURBELTRIEBS	32
Konstruktion der Abtriebswelle	75
Konstruktion der Antriebskette	98
Konstruktion der Antriebswelle	66
Konstruktion der Getriebewellen	62
Konstruktion der Rollenkette für die Gangschaltung	103
Konstruktion der Rücklaufwelle	74
Konstruktion der Zahnradpaare	77
Konstruktion der Zahnradpaare der restlichen Vorwärtsgänge	82

K

Konstruktion des Kegelradgetriebes	88
Konstruktion des Kegelradgetriebes	92
Konstruktion des Zahnradpaares für den ersten Gang	79
Konstruktion einer Druckfeder	44
Konstruktion einer Keilwellenverbindung	110
Konstruktion eines Zahnriemenantriebes	32

L

Lagerhalterungen der Antriebswelle miteinander verbinden	57
Lagerhalterungen der Wellen am Motorgehäuse befestigen	61
Lagerhalterungen importieren	50
Lagerung der Wellen	50

M

Motorradrahmen und Räder als Gestell erzeugen	115
Multifunktionsleiste	14

P

Platzieren der Lamellenkupplung	62
Programmaufbau	12
PROGRAMMAUFBAU UND PROGRAMMOBERFLÄCHE	12
Programmhilfe und neue Funktionen	17

R

Rohrsegmente aneinander anpassen	118
ROLLENKETTEN	96
Rollenketten erzeugen	96

S

SCHLUSSWORT	120
Schnellzugriff-Werkzeuge	14
Schrauben aus dem Inhaltscenter importieren	71
Spannrolle des Zahnriemens mit einer Zugfeder beaufschlagen	42

S

Startbildschirm	16
Systemanforderungen	7

T

Theoretische Grundlagen zum Getriebeaufbau	49
Theoretische Grundlagen zum Zahnriemenantrieb	32

V

Videos und Lernprogramme	18

W

Welle und Lager zur Platzierung der Kegelräder erzeugen	89
Wellen und Zahnräder mit Bewegungsabhängigkeiten versehen	85

Z

Zahnriemenantrieb zwischen Nocken-und Kurbelwelle erzeugen	35
Zielgruppe & Aufbau des Buches	5
Zusatzmodule (empfohlene Einstellungen)	19